“接龙教学法”系列丛书

丁惠臻接龙教学法研究与实践

丁惠臻 / 著

齊魯書社

·济南·

图书在版编目（CIP）数据

丁惠臻接龙教学法研究与实践 / 丁惠臻著. -- 济南：齐鲁书社,2022.8
ISBN 978-7-5333-4571-6

Ⅰ. ①丁… Ⅱ. ①丁… Ⅲ. ①中华文化—教学法—小学 Ⅳ.①G623.202

中国版本图书馆CIP数据核字（2022）第083553号

责任编辑：许允龙
责任校对：王其宝　赵自环
装帧设计：赵萌萌

丁惠臻接龙教学法研究与实践
丁惠臻　著

主管单位　山东出版传媒股份有限公司
出版发行　齊魯書社
社　　址　济南市市中区舜耕路 517 号
邮　　编　250003
网　　址　www.qlss.com.cn
电子邮箱　qilupress@126.com
营销中心　（0531）82098521　82098519　82098517
印　　刷　日照日报印务中心
开　　本　720mm × 1020mm　1/16
印　　张　13.25
插　　页　3
字　　数　221千
版　　次　2022年8月第1版
印　　次　2022年8月第1次印刷
标准书号　ISBN 978-7-5333-4571-6
定　　价　48.00元

致丁惠臻老师

廿六年说话接龙有恒有智有趣
开辟小学语文教学新天地
三十载春风化雨用爱用心用情
争做传统文化传承大先生

刘庆华

二〇二二年六月廿六日

济南市教育教学研究院党委书记、院长　刘庆华　题词

序言一

张　丹*

我与丁惠臻老师的接龙教学法初识于2020年——在济南市基础教育教学成果奖评审会上作为评审专家的我，在一摞摞厚重的成果申报材料中，小心翼翼地采撷着每一朵绚丽的浪花。丁惠臻老师，以一位一线小学语文教师25年执着的追求而成就的接龙教学法，凭借着它来源真实、过程扎实、细节充实、收获殷实等优势，深深地打动了每一位评委，让我们义无反顾地为它投出了庄严的一票。

我对丁惠臻老师的接龙教学法重温于2021年——济南市教育局基础教育处邀请我为获得成果奖的教师培训，会前准备培训材料时，我情不自禁地重温了丁惠臻老师的成果《小学优秀传统文化接龙教学法研究与实践》，我被它灵活多变、气势宏大的28种方式所感染，被古诗词、小古文和中华优秀传统文化经典整本书高效、快乐的学习所陶醉，被它在全国地域广袤、学科繁多的普及范围所震撼。培训会上，接龙教学法成了我讲座中说事论理的经典案例。

我对丁惠臻老师和接龙教学法的了解深化于2022年——在山东省基础教育教学成果奖评选前，在丁惠臻老师及校方的诚意邀请下，我有幸成了成果的参与成员之一。在申报材料反复的打磨之中，我理解了接龙教学法能够摘取山东省基础教育教学成果奖一等奖的真谛：

首先是人。丁惠臻老师是一位骨子里透着倔强、十分追求完美的老

---

*张丹，中国管理科学研究院素质教育研究所所长，特级教师。

师，每一种形式的提炼、每一个创新点的提升，她25年一丝不苟地极尽所能……如果有机会让我雕琢一块价值连城的宝玉，恐怕我也难以使出更大的力气。

其次还是人。用接龙教学法培养的学生，小学阶段竟然可以轻松愉快地背完小学至高中阶段“课标”规定的所有必背诗词。吟诵时显示出他们的热爱与自信，写作时展示出他们的睿智与广博，创造时呈现出他们的灵活与深刻。尤其是教育部大力倡导“双减”的今天，接龙教学法无疑是减轻学生作业负担和校外培训负担的一件利器。丁惠臻老师经常信心满满说的一句话是：“我的学生，不需要补课。”

最后还是人。我曾经好奇为什么喜爱且实践接龙教学法的老师那么多、地方那么广、热情那么高？通过不断深化研究，答案不难发现：通过经典诵读实现全面育人是接龙教学法和老师们共同的指向目标；接龙教学法依据的教育教学理论是与时俱进的；接龙教学法开发的国学经典内容的整合是科学系统的；接龙教学法提供的28种方法是高效实用的——小学优秀传统文化接龙教学法就是盛开在山东基础教育沃土上的一株幽兰，芳香四溢。

我爱幽兰异众芳，不将颜色媚春阳。期盼这株幽兰开遍黄河两岸、大江南北，结出累累硕果！

2022年6月于北京

序言二

李文军*

丁惠臻老师说，教与学互为“因果”关系。教师知道了“因”什么而教，才会知道学生的学习结什么“果”。近30年的“接龙”教学理论与实践探索，一直在诠释着她对教书与育人这种因果关系的理解。

“接龙”，一般的说法是指把不同体裁或类型的东西，在一个特定主题情境中，以一段接一段的形式，无限制地往下延伸。民间的“接龙”其实是一种文字文化游戏，有成语、歌词、故事等，只要能将前后两段有机地联系起来，就完成了“接龙”。因此，在这个接续的过程中，每一个参与者都是接龙的主角。丁惠臻老师因为要让学生在课堂上快乐起来，所以才会有“三阶28式”接龙教学法的创建。“接龙”和丁老师的不解之缘，与她的育人情怀和对育人课程的本质理解有着实践层面的“因果”关系。

问渠那得清如许？为有源头活水来。丁惠臻老师出身于书香世家，好像天生就具有许多教师羡慕的本领——刚毕业踏上工作岗位，竟能将考试成绩在本学区排倒数第一的班级，仅用一个学期逆转为正数第一！但是，她不满足于只是提高分数的教学，渴盼着建构让学生快乐和自己有幸福感的课堂。从1996年11月开始，她将“接龙”融入自己的教学设计，引进学生的课堂，激发每一个学生参与学习、主动学习，开始颠覆教师始终“一人言”的课堂。“我的课堂我做主”，丁惠臻老师引领学生，学生想怎么学就怎么学，想读什么名著就读什么名著……学生的成绩不仅没有下降，反而全面提

*李文军，中国哲学博士，山东省教育科学研究院研究员。

升；学生不仅没有回避学习，反而期待自己下一堂课的更好表现；不仅学生喜欢自己的课堂，家长也高度认可这样的学习！之所以出现这样的效果，是因为丁老师抓住了教育之“因”，在实践中践行了教育目的之“因”。如果教学目标是“因”，学生的学习状态是“果”，丁老师将“因”和“果”实现了完美的统一。

“观乎天文，以察时变；观乎人文，以化成天下。”（《周易·贲卦·彖传》）我们的先人在几千年前就认识到，人类可以通过观察天地现象了解自然的变化规律，也可以观察和总结人类社会生存经验，并用这些规律和经验来教育人们，促进社会的和谐稳定与发展。教育的目的是使人们接受知识文化，逐步形成和提升人类的文化素养。因此，教书是为了育人，育人是教书的“因”，也是教书的“果”；教书是育人的过程，不仅是传播抽象知识的过程，也是“以文化人”的过程，这也是为什么要弘扬优秀传统文化，将中华优秀传统文化融合到学科学习的原因所在。

我们教育教学的“因”与“果”是统一的，就是落实党和国家的教育方针、教育目的，为党育人、为国育才；我们的教育目的与教育结果，体现了教育目标、教学过程与结果评价的一致性，这也是一种唯物史观的社会实践因果观。因此，学校的各种教育教学要以中华优秀传统文化、革命文化和社会主义先进文化为核心，开展教育教学活动；学生要在有“文化情境”的课堂上，学习各种科学文化知识，才能成长为有文化自信的中国人。但是，有的老师往往受制于现实的各种压力，被阶段性分数和家长的焦虑绑架，忘记或忽略教书育人的根本任务——立德树人，将考试成绩作为博取学校声誉或评价教师水平的主要指标，使学生的学习严重脱离学生的生活和社会文化。

丁老师的接龙教学之所以能够激活学生，是因为她将学生已有的生活和学习经验，与课堂要达到的学习目标相连接，使学生的现实生活、已有知识、能力及理念，化作完成学习任务“长龙”中的重要环节，搭建了一个非常有挑战乐趣的“最近发展区”。学生基于已经的知识和经验，在思维开放与聚合的过程中，经历挑战时的紧张思考与完成挑战之后的放松兴奋，从而不断实现知识能力与价值观念的重构与升级，学习的兴趣、自信和进取欲望也不断增强。

丁老师通过“接龙”的形式，让学生真正成为课堂的主人，成为学习的主角，是将学生真正嵌入了教育教学的基本环节——以学生为中心设计课程和实施课程。只有学生主动学习，成为完成教学任务“长龙”的主体，才是以学生为中心的教学。

丁老师的“接龙教学法”之所以在全国各地引起共鸣，是因为她将学生真正化作了文化传承“长龙”的一段段主体；使学生的学与教师的教，在具体的文化情境中兴奋地跳跃、奔腾——学生在课堂上为主动参与学习而快乐，教师因引导学生学习文化而幸福。用丁老师自己的话来说：“把每一节课看作是踏入工作岗位的第一节课，身心沉浸其中，把自己当作一束光，努力照亮身边的每一个孩子。当你成就学生的时候，就无形中成就了自己！”

我认为，丁惠臻老师将教书育人的“因”与“果”在实践层面实现了完美统一。教育本身就是薪火相传的“接龙”事业，衷心祝愿丁惠臻老师的“接龙教学法”在新时代中国特色社会主义教育事业中不断充实提高，成为中国特色教育教学理论“长龙”中的重要组成部分，结出丰硕的成果。

2022年6月19日于济南舜风苑

目 录

第一章　教学初心——改变课堂现状

一线课堂教学实践是教育改革生命力的源泉。

接龙教学法（原为说话接龙与作文）源于1996年11月的一节游戏作文课。当时的课堂还是处在一种传统教学模式中，即以“课堂”“教材”“教师”为中心的“旧三中心论”，而接龙教学法完全以学生为中心，这无疑成了夜空中的一道闪电，划破了寂静的夜空。

二十多年来，接龙教学法从内容到形式不断丰富，截至现在已有28种接龙方式；实践范围也从当初的一个班，发展到全国上百所学校参与实践。这一切不仅因为接龙教学法大道至简，符合语言学习的科学规律，而且源于其根植于课堂，永远与学生一路同行。

第一节　接龙教学法诞生记（一）
——一次游戏，一封信

“老师，您为什么不叫我，我把手举得高高的……”这句话在我心中回荡了25年，它教我如何对待学习困难的学生，教育我要爱护每一颗幼小的心灵，也可以说是接龙教学法的起源。

那是1996年11月深秋的一天，学校利用周日开设兴趣班。那天，天气格外冷，寒风中偶尔还夹杂着雪粒，孩子们却似乎是在春天里一样，仍旧快乐无比，或许是因为那天下午上学生们喜欢的游戏作文课。

为了让学生喜欢我的课，我总是别出心裁，让他们在快乐中先体验再习作，从不做无米之炊。那天该上“心理描写”课，我早就准备好了。铃声一响，同学们便跑到教室，兴致勃勃地等待我的到来，为了让学生体验，为真切描写做好准备，我设计了一个“连字成句”的游戏：即每排第一个学生写一个字，后面的学生接着写第二个字，到最后一个学生结束时，组成一个完整的句子，规则是不能发声交流。这时门“咚”的一声开了，值勤的谢主任推门进来听课了。于是，紧张而热烈的比赛开始了。

顷刻间，同学们群情激奋，如同接力赛一样一个接一个到黑板上写。比赛结束，有的兴奋，有的惋惜。8个组，每组8人，8个字，输赢与否，高下立判。同学们的心情此刻全部挂在脸上。我趁热打铁要求把比赛中的心理活动写下来。

又是一阵唰唰的写字声，我看还有10分钟下课，准备点名读作文。因为有听课的领导在，于是在点名字时不由自主地偏向部分学习好的同学。可那些成绩不太好的学生哪里知道我的心思，和往常一样把手高高地举着，口里不停地喊着“老师，老师，我！”我的眼光几次在一个学生身上停留了几秒钟，他微微涨红的脸，一双不大的眼睛紧紧地盯着我，一只小手高高地举着。如果在平时肯定要叫他的，我在张嘴的一刹那，却叫了他旁边一个比他学习成绩好的学生读作文。

不论是学生写的还是评的，都很出彩，我特别高兴，谢主任在一边也乐呵呵的。不知不觉，下课铃声响了，同学们还意犹未尽，我安排把没有读的习作收上来看。

周一上班，我发现抽屉里有一封信：

我真不明白，老师，您为什么不叫我？我把手举得高高的。我很兴奋地跟着您上课，您的课让我非常感兴趣，特别是作文课。您总是鼓励我们大胆发言，我进步很快。今天，您让同学到黑板上接龙写字，我非常兴奋。写心理活动时也兴奋不已，并且特别想站起来读作文，因为从来没有起来读过作文。我第一个把手高高举起，满心期待您叫我。第一个，第二个……我越来越激动，越来越紧张，只感到脸在发烧，心跳加速，还有两个，我紧紧地盯着老师，嘴唇紧闭，非常端正地坐着，多么渴望此时老师嘴里喊出“陈庆斌”这几字。尤其您看着我，说出“陈”字时，我刚想站起来，结果听到的却是“陈宗哲”，我的眼里一下子流出了泪，我深深地低下头，恐怕让同学和老师看见，心里凉凉的，难过极了，我就是想读一读作文，可是为什么？晚上，我睡不着，有一句话要问：“老师，您为什么不叫我，我把手举得高高的……”

看完这封信，我的整个心都在颤抖，兴奋的心情早已荡然无存，我感到深深地伤害了他，伤害了一个满心向上的心灵。这一切都源于自己一时的虚荣，为了有一个好的效果，结果却留下了一个深深的悔恨。换位思考，我平时的努力，不也同他一样是为了得到一个认可吗？可自己却没有真正爱护每一个学困生。看着这稚嫩的字迹，我心里尤其难过，他渴望得到老师的爱，每个学困生的内心世界都需要得到老师的爱。

最好的补偿就是再来一遍！

于是，我不动声色地来到教室，说我们再来玩连字游戏，同学们一起兴奋高呼。这次从比赛到写作文，我都特别点名那些学困生参与。每一个孩子都像幸福的小鸟一样在振翅飞翔。

于是从那以后，我格外关注他，还有和他一样的后进生，不管是上课发言，还是课下交流谈心，我都努力做到面向全体，呵护每一个心灵。

一晃二十多年过去，我又接了好多个班，其间自然也接触了各种各样的学生，不论成绩优秀与否，我都全力以赴地去关爱他们。

也是从那时起，一种莫名的想法在我心底日渐成形而坚定——我要改变课堂！我改变不了整个教育现状，但是我的课堂我做主，我的课堂要让每一个学生都成为课堂的主人。

第二节 接龙教学法诞生记（二）

——故事接龙

又一个自习课，我忽然想到，如果由每人写一个字，变成每人写一句话，最后要求能默契地连成一个故事，是不是更有挑战性，孩子们的收获更大。

这样做的缺点是，孩子们用粉笔写得慢，一节课就只能编写两个故事。然后，我又尝试从前排开始每人在纸上写一句话，写完往后传，传到最后，形成一个完整的故事。孩子们依旧兴趣盎然。这个游戏就这样玩着。

有一天上午，我去教室上课，几个学生正站在教室门口眉飞色舞地说着“连句游戏”，我走到身旁，他们都浑然不觉。学生投入的样子，让我瞬间“脑洞大开”——何不变写为说？一人一句连起来，“说”也是接龙啊！于是，我在课堂上向学生郑重宣布：我们这段时间玩的游戏，就叫作“说话接龙”。

于是，“说话接龙”教学法的雏形，就这样应运而生了。

还是“游戏”，只不过由一个一个走到讲台在黑板上接龙“写”，变成了一个一个坐在座位上接龙“说”。

一字之变值千金！

首先诞生的是“故事接龙”，有小组接龙、竖排接龙、自由接龙等形式，我的目标是面向全体学生，这就是我的初心。

由“写”变“说”，学生不但热情依然，还给课堂效果带来了质的飞跃：不仅大大提高了接龙的速度，让每个学生有了更多展示的机会，更为重要的是，既训练了学生“说”的能力，又培养了“听”的能力，可谓“一箭双雕”。

自从进行说话接龙之后，整整一节课都是一堂欢笑，一路火爆，每个学生的注意力都高度集中。因为要想恰当地“接续”前面同学的话语，必须听清全班所有同学的发言，不然就可能文不对题，张口结舌。这样一来，这一组就会全部失败，一人不慎，全盘皆输，这对于喜欢竞争、争强好胜的孩子们来说，“是可忍也，孰不可忍也！”所以每个同学都“支棱”起耳朵来用心听，而说的同学自然就更要大声地说，让同学们听清楚，这无形中凝聚成了一种团队精神。正如学生所言：“只要一进行说话接龙，全班同学的眼睛，都齐刷刷地盯着说的同学，生怕漏掉一个字。”

此情此景，让人不由得想起王勃的名句：“落霞与孤鹜齐飞，秋水共长天一色。”在我们的习作课堂上，思辨与激情齐飞，口头与书面共舞，根基与底气同壮！

学生的反应是那么的强烈：从来没有这样积极地全身心参与过，从来没有如此滔滔不绝过，眼神从来没有如此明亮过，心灵从来没有如此自由过。

适合的就是最好的！

那段时间，我仿佛捡到了一块宝贝，不管是走着还是躺着，心里都是暖暖的，说不出来的高兴，感觉找到了启动语文教学变革的“钥匙”——说话接龙。我以此为开端，不断思索、不断创造，把这一突破口，又从习作课堂延伸到更为宽广的领域，开始摸索着朝新的彼岸前行。从课题的探索到上每一节课的感悟，再到学生的点滴反应、变化，我都一一细心地记录着。

第三节　接龙教学法诞生记（三）

——为“龙”而奔

“说话接龙”教学法在课堂上破土而出。

从此，我又开始了漫长的、呕心沥血的培育路程。如何创立主题来进行故事接龙，如何让学生说出细节来，如何保持参与学生的注意力等一系列的问题萦绕在我心头。要不然，学生的说永远只是停留在简单的层面上，如何让他们由低阶思维向高阶思维过渡，这是我面临的又一个大问题。

多少个寒假，大家都在分享灿烂的星空烟花，我却经常从白天忙碌到凌晨一两点，或者从凌晨三点忙碌到天亮。没有人要求我这样做，我却“作茧自缚”，痴心钻研心中的“小秘密”。

多少个暑假，大家都在家休息，教学楼里回荡着刺耳的装修声，我却在炎热的办公室里一坐就是一整天，泡包方便面就打发了一顿午饭。没有人要求我这样做，可我仍在“绝壁”上开凿让学生踏上阳关大道的“天路”。

我由于过度劳累，以致疾病缠身，曾经打针用药40多天，体重减轻了十几斤。我强忍着病痛，白天忙碌于课堂之上，晚上依然写着教研札记。领导命令我卧床休息，然而我没有歇过一天假。没有人要求我这样做，可我，执着于研究的“豁然开朗”而跋涉不息。

多少次，我怀抱着课题材料，奔波上百里的路途，就为了求得专家的一个指导。

因为，“说话接龙”教学法当时依旧是一个稚嫩的幼儿，渴望汲取营养，成长壮大。为了建设、完善这块“新大陆”，我和学生们努力耕耘着，也快乐着，收获着。

苦心人，天不负！

“说话接龙”教学法日趋成熟，孩子们在实践中传递火炬，在愉快的“玩耍”中学得不亦乐乎。而我，是一个永远不知满足、永远行走在路上的人，刚把“五谷”装满仓，又在谋划着开辟一方新的田地。思路一旦打开，目标确定，沉闷的教学变得如春天的田野充满希望。

第四节　接龙教学法诞生记（四）

——成语接龙

只要心中有渴望前行的火种，时机一到就会被点燃。

1999年，电视剧《还珠格格》上映，“小燕子”从一个文盲到能出口成章、张口闭口说成语（虽然经常说错），这一变化给我很大的启发，一下子联想到自己小时候，图书极度匮乏，就在家翻烂了一本《成语词典》，这对自己后来的写作帮助很大。而成语绝大多数由四个字组成，读起来抑扬顿挫、朗朗上口，特别适合记诵。于是，我开始要求全班同学读成语。“成语”的教学研究也由此开始。

成语读得多了，又激发了我的“创造灵感”。一次，我忽然想到，平时“说话接龙”都是即兴创编各种故事，何不把成语纳入接龙系列，来个“成语接龙”？

想法一出，马上实践。

为了便于学生记住成语开头的第一个字，我利用一首古诗中的每一个字作为龙头，向下续接成语，再运用自己创造的“拍读法”进行诵读。原先是每人一句话，现在变成每人一个成语，速度更快了，效率更高了。学生的激情高涨，接龙的成语犹如黄河之水，呼啸着奔腾而来。诚如学生日记中所言：“每次接龙，成语就像大海上的浪花一朵接一朵，说来也奇怪，每到此时此刻，成语都会从我们的脑海里蹦出来。”“成语接龙”，大大丰富了“说话接龙”教学法，成语和接龙的巧妙“联姻”，成为汇聚智慧的标本。既体现了字不离词、词不离句的语言学习规律，又迎合了小孩子“在玩中学、在学中玩”的心理需求；既增加了识字量，扩大了阅读视野，又为他们将来的写作打下了坚实的基础，实现了写作能力的蜕变。

在“成语接龙”竞赛中难免有重复的成语，于是“接龙游戏”的规则也在不断完善，不仅有“大声说，认真听”，还有“不重复”。这样，更促进了学生“认真听”。由于接龙速度快，参与学生多，于是就形成了群情激昂的特殊学习氛围，从而让身在其中的每一个学生都激情洋溢，兴奋不已。于是，整节课上学生注意力高度集中，高效学习的目标也水到渠成地得到实现。

无心插柳柳成荫。这是一个意外收获，也是一辆为学生“减负”的直通快车。

生理学专家研究发现，一般情况下，小学生的注意力只能保持10分钟，即使他想认真听课，也会在十多分钟后因生理因素产生疲惫感，难以凝神聚力地听讲。“说话接龙”不但延长了孩子们课堂上集中注意的时间，还在他们无意识状态下培养了其注意力品质。这种专注于学习的品质，恰恰是提升学习效率的必备条件。很多学生，正是由于具备了这种注意力品质而成为学习上的“常胜将军”。

在“接龙”的基础上，再加上大量阅读，语文的“听”“说”“读”“写”“四点一线”便可以并进齐发，同时“轰炸”，学生的大脑和心智一下子成为丰盛的粮仓，综合素养有效提升。在语文课标中，很长时间以来“听说”和“读写”是云隔梦断的分开状态，而“说话接龙”教学法将它们珠联璧合地融汇在一起，这在语文教学中是一个“闯海之梦”的创新和成功。

二十多年里，成语的学习已经在全国推广开来。2017年，齐鲁书社出版了我的专著《成语接龙大闯关》，内容涉及成语的积累、应用，有助于多层次多维度地培养学生的语言素养。成语接龙的开展，为日后多种经典内容的接龙奠定了坚实的基础。

第二章　接龙教学法与创新课堂教学方式

基础教育的任务就是要发掘、激励每个学生的潜能，帮助每个学生健康地全面地发展。

习近平总书记指出："新时代属于每一个人，每一个人都是新时代的见证者、开创者、建设者。"这一重要论述体现在教育中，就是创建"人人参与，人人尽力，人人享用"的幸福教育共同体。

2017年，中共中央办公厅、国务院办公厅印发的《国家"十三五"时期文化发展改革规划纲要》中明确指出："推动中华文化现代化，让中华优秀传统文化拥有更多的传承载体、传播渠道和传习人群。"2021年教育部印发《中华优秀传统文化进中小学课程教材指南》，重点围绕中华优秀传统文化进中小学课程教材"进什么、进多少、如何进"的问题，强化顶层设计。"重建课堂新样态，传承中华优秀传统文化"，是当前基础教育工作者的重要职责所在。

第一节　课堂样态与优秀传统文化传承现状分析

中华优秀传统文化经典诗词文等内容，目前主要在语文课程中体现，教学也主要由语文老师承担。语文本就是小学所有学科中教学任务最为繁重的一门，除了教材内容，如果再添加经典文化的学习，那就必须找到良方，否则学生不可能再有精力发展经典文化兴趣特长，教师和学生及家长也会三方皆累，也不符合目前“双减”政策的要求。笔者在经过自身实践和调研后发现，很久以来，课堂样态不甚理想，在优秀传统文化传承方面存在亟须解决的问题。

一、学生缺乏上课兴趣，语言素养低，课堂得不到优秀经典文化的浸润

小学阶段，以考试排名为教学目标的现象依然存在，以农村小学居多。课堂上，学生参与率低，缺乏学习兴趣，很多学生成了“旁观者”；大量优秀经典文化难以走近学生，很多学生六年下来，除了教材内容，什么都没学到。能否突破课堂“围城”，建设新课堂，需要深入思考。

二、小学阶段学习中华优秀传统文化传承路径不清晰，落地难

目前，部分学校或者教师在优秀传统文化教学方面有新的思路，但是对于经典文化诗词文的学习，尤其是在促进学生兴趣发展上，很多教师处于模糊状态。问题如下：

1. 小学生亲近经典文化的内容缺乏整体设计，系统性不强。学校编写的校本课程不系统，教师只好自我进行班本课程，有的只学习语文教材的经典内容。教师没有以系统性内容为“抓手”，导致传统文化教育“碎片化”问题严重。

2. 传统文化传承路径单一，不适应小学生身心发展规律。面对多样的古典文化，很多教师找不到适合小学生学习的方法，依旧就是机械地读背，师生厌倦，学生学习传统文化负担重，内生动力不足，出现闭门“苦修”和浅尝辄止等现象。

3. 积累、理解和应用、创造严重脱钩，“双减”政策难落实。造成经典文化学习难落实还有一个原因就是，很多学生辛苦地大量读背，但是在现实生活乃至习作中却是难得一用，也就是读背和应用严重脱钩。我做讲座时常打比方说，这等于我们辛辛苦苦挣的钱，没有有效消费，一直存在银行里。既要丰富学生文化底蕴，又要实行减负方针，这就必须在方法上下功夫。

4. 学生知行不统一。传承中华优秀传统文化的最终目标是培根铸魂，以文化人。内容的碎片化、学习方法的单调性，造成文化育人成效不能持续支持学生成长，学生所学优秀传统文化知识无法转化成能力在真实生活中应用。

针对上述问题，笔者提出传承和创新优秀传统文化教育融入现代课程的路径，将中华优秀传统文化经典内容纳入接龙载体，激活每个学生内生力，重建课堂新样态，培植母语，润化精神，以文化人，培根铸魂，走上好之乐之的育人道路。

第二节　接龙教学法概念阐述

“接龙教学法”是指师生有目的地根据接龙规则，将学习内容以每人一句或几句接续的方式不断发散、延伸，从而促进学生思维发展，提升语言积累与运用的能力，形成可持续发展学习力和审美情趣的教学方法。其核心在于每一个学生既是接龙课程的开发者，又是接龙过程的主角。其过程兼具“游戏性、思辨性、想象性、群体性、共进性、挑战性”等特点。

接龙教学法遵循学生发展规律，在“建构主义”和“语言游戏”等理论的基础上，经广泛实践和专家论证，提出了“具身·合力·共享·共进”的学习观，形成了寓教于乐、人人自主参与的教学模式。

接龙教学法多用于中华优秀传统文化的学习中，优秀经典文化以接龙为载体，在接龙中激活每个学生内生力，重建课堂新样态。

具身：在教学活动中，以参与者的肢体语言为主导。接龙情境，物我合一。

合力：一个层面是学生个体，“思维力、专注力、想象力、表达力、挑战力、倾听力”需融合一体；另一个层面是指生生之间、教师之间对话合作，形成合力。

共进：接龙中，积累、激活及应用的方式，呈现的是全班共同学习和进步的状态。

共享：集众人智慧于一体，每个人的思维火花在接龙中碰撞，全体师生共享文化智慧。活学活用优秀传统文化，在实践中能够使用、体悟古人智慧，陶冶情操，涵养精神。

上述学习观的建立，加之“接龙”本身具有的特性，自然形成一种“接龙的吸引力”，“接”是形式，“龙”是内容。活动中，参与者思维如链条一般，吸引着其他人的思维无限延伸。接龙过程，正如学生所言“有种停不下来的感觉”。从内容到形式的不断延续，也促进了持续性学习。

第三节　接龙教学法“三阶28式”

“接龙教学法”作为中华优秀传统文化教学、语文教学及其他学科教学的一种有效方法，在20多年的实践创新中，形成了“主题积累—游戏激活—情境应用”三阶28式教学法策略，其中“积累”7种、“激活”14种、“应用”7种。

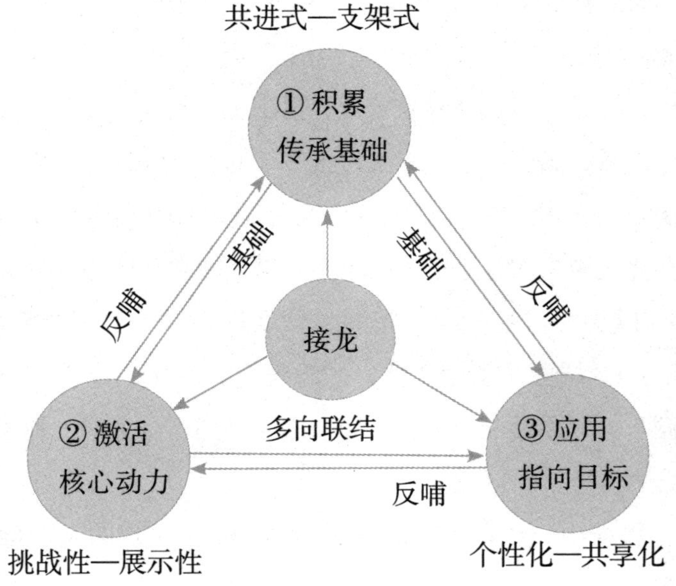

三阶中，“主题积累”是传承基础，“游戏激活”是核心动力，“情境应用”是指向目标，三者互相影响。

小学优秀传统文化接龙教学法 —— 三阶 28 式							
	主题积累（7）	游戏激活（14）				情境应用（7）	
1	生字开花	1	排排赛	8	生生擂台赛	1	成语果果摘摘摘
2	成语接龙拍五法	2	成语接龙割韭菜	9	（家校）亲子接龙赛	2	生活拍景配诗词
3	成语接龙踏步走	3	接龙大满贯	10	师生对龙赛	3	妙笔生花小古文
4	名言佳句对对碰	4	一一对龙	11	小伙伴接龙	4	成语、古诗接龙操
5	古诗接龙	5	玩转飞花令	12	跨（班）年级赛	5	即人即景接龙
6	古诗文击拍歌读	6	点龙台	13	游戏大闯关	6	小说接龙（写）
7	古诗文演示诵	7	之乎者也乐开花	14	故事接龙（说）	7	君子伴我行

28种接龙方式概念解释：

一、主题积累的 7 种方式

1. 生字开花：即全方位学习生字，从字源、巧记、开花（组词）以及生字激活诗词等角度展开，比赛形式可以参照“排排赛”，具体见本书第八章。

2. 成语接龙拍五法：五种赋予音乐节奏的趣味拍读法。具体内容见第三章第三节。

3. 成语接龙踏步走：全体起立，一边读着成语接龙，一边两臂甩开，依照拍五法有节奏地踏步走。

4. 名言佳句对对碰：名言佳句与其含义或事件情境连线，便于培养学生的思辨思维与应用能力。

5. 古诗接龙：按照古诗末尾字和新一首古诗的首字接龙。

6. 古诗文击拍歌读：击拍，一般是用手有节奏地轻拍桌子或者双手拍。“歌”一般是吟诵，或用歌诀体的形式读。

7. 古诗文演示诵：诵读时可以根据古诗文意思配上动作，或自行配动作，或把古文意思以课本剧的形式表演出来。

二、游戏激活的 14 种方式

1. 排排赛：教室一般安放四排或者五排座位，规定时间内接龙，通常一两分钟，数量多者胜。其他排人员出龙头，记录时间和接龙数量，接龙个数与参与人数相加以数目多者为胜。重复的成语不算数，如果其他同学没有提出“重复证据”，那就算数，所以每一个同学须认真听。其他排也可以补充。目的是让每一个孩子都积极参与。

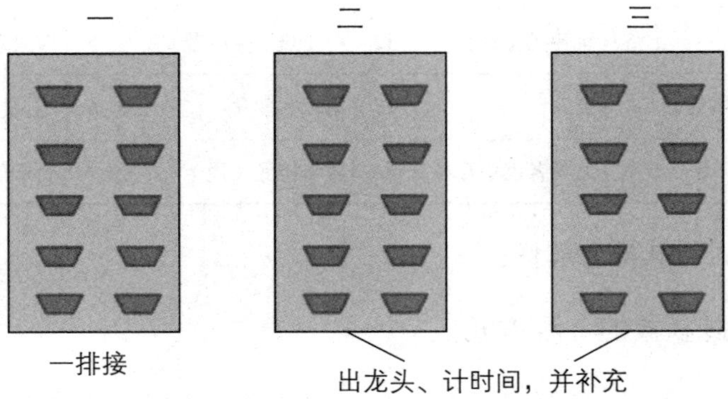

2. 成语接龙割韭菜：一排全体起立，另一排出成语龙头，站着的一排同学接龙，接上的就坐下，其他排同学看时间，看哪一排用的时间最短。所用时间短者为赢家。

口令如下：

师：成语接龙割韭菜，哪排韭菜最最旺？

生齐呼并同时站起或者举手：“这排韭菜长得旺！”

老师看哪排动作快且整齐就安排哪排先来。

3. 接龙大满贯：第一位接龙者说出一句古诗词或者名言佳句，后面的接龙者根据上一句的末字，搜索含有这个字的名言佳句，不管位置，谐音也可。“接龙大满贯”也可以“开花”（以接龙字进行开花）。

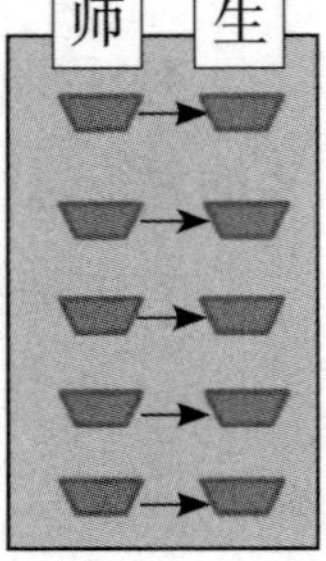

（一一对龙）

4. 一一对龙：活动中，听课教师（学生）轮流出不同的成语，学生成排或自由对接。

5. 玩转飞花令：在“飞花令”的基础上，对“飞”的形式进行创新。

6. 点龙台：主题接龙分若干小龙头，参会老师或学生随意点一个小龙头，学生开接，如《论语》11类。

7. 之乎者也乐开花：接龙内容界定在文言文中，只要这个句子含有“之乎者也”这四个字中的一个字即可。可以采取“飞花令”的形式判输赢。

8. 生生擂台赛：先选出接龙高手，再进行接龙挑战赛。可以在班级内、年级内或者学校范围内举行。

9.（家校）亲子接龙赛：一家人在一起进行多种形式的接龙，输赢规则由家庭成员定。可以以班级为单位或者以学校为单位进行成语接龙赛，孩子和家长一组，在校园内开展活动。

10. 师生对龙赛：老师和学生一起成语接龙，54321说不上来算输。

11. 小伙伴接龙：这主要是对接龙成员而言，可以是同学，可以是玩伴。

12. 跨（班）年级赛：同年级同学比赛，或者不同年级之间开展比赛。

13. 游戏大闯关：在游戏中设计闯关项目，寓教于乐，完成学习任务。

14. 故事接龙（说）：每个人一句或几句话，连成一个完整的故事。即第一个同学说一句话作为故事的开头，第二个同学接着发挥想象说一句或一段话，依此类推，最后形成一个情节完整的故事。

备注：男女生接龙比赛——这也是一种常用的方法，男生出龙头，女生接龙；或女生出龙头，男生接龙。看1分钟内接龙个数，可在“排排赛”“成语接龙割韭菜”中应用。

三、情境应用的 7 种方式

1. 成语果果摘摘摘：用成语描述规定的场景或人、事。

2. 生活拍景配诗词：拍照配上古诗词。教师引导学生拍摄照片配诗词，然后把配上诗词的照片发到班级群相册，大家共享美景文化，养成学以致用的习惯。

3. 妙笔生花小古文：在学习小古文的基础上，练习用小古文写一件小事或景物。

4. 成语、古诗接龙操：在大课间操中，采用成语或者古诗接龙的形式配乐，进行体操活动。

5. 即人即景接龙：“人”，选择一位大家都熟悉的人，让学生说出这个人的外貌、神态、语言、动作、心理及事件等，表现这个人的内在品质及性格特点；“景”，以“接龙”的形式说出描写季节或景物的词语、句子、语段。形式一般采用“小组接龙”，学生有顺序地观察景物，展开联想，对自己负责的部分进行详尽描述，人人尽责，然后人人共享。最后在众人合力之下，组成文章。

6. 小说接龙（写）：大家根据一个情境，构思一篇小说梗概，可以几位同学连载接龙。如世界上最短的短篇小说只有25个字，“地球上最后一个人独自坐在房间里，这时，忽然响起了敲门声……”建议学生以此为小说的开头，依次往下接龙。

7. 君子伴我行：将优秀传统文化内化为优良品德，做到知行合一，在现实生活中，化用经典。可以在校内或校外实践，同学之间相互监督，相互促进。

第四节　接龙教学法创新点特色分析

接龙教学法充实了小学优秀传统文化课程与教学体系，在三方面实现了创新。

一、构建了优秀传统文化接龙教学的内容体系。按照“字—词—句—段—篇”重构经典文化，作为接龙载体，有效解决了“优秀传统文化进课程教材”中“进什么”的问题。“生字开花”多向联结，夯实母语基础，“古诗、生肖”成语接龙，高效积累词汇；精选格言警句、古诗词文，主题整合，设计层级递进的“闯关·应用”，丰厚文化素养。

二、创建了接龙教学法“三阶28式”方法体系。师生有目的地根据接龙规则，将优秀传统文化学习内容以接续的方式不断发散、延伸，从而促进学生思维发展和语言积累、运用，形成可持续学习力。“三阶”即“主题积累—游戏激活—情境应用”；接龙28式，适合小学生身心规律，打造了律动、灵动共进式学习课堂。“成语接龙趣味拍五法”“击拍歌读”“对对碰”等7种积累方式，激发学习兴趣，亲近经典；“大满贯”“割韭菜”“点龙台”“飞花令”等14种激活方式，富含挑战性，激活即将遗忘的知识。“成语果果摘摘摘”“拍景配诗词”“君子伴我行”等7种应用方式，促进知识向素养转化，以文化魅力实现价值引领。为解决优秀传统文化进课程教材“进什么、进多少、如何进”的问题，提供了一条系统、科学、易操作的路径。

三、创建了多学科融通迁移的学习环境。生活拍景配诗词，益智健体成语操，戏剧欣赏等活动，引领学生融合语文、英语、数学、美术、体育等多学科知识，活学活用经典文化，享用经典，在生活的真实场景中体悟文化魅力，实现全面成长。

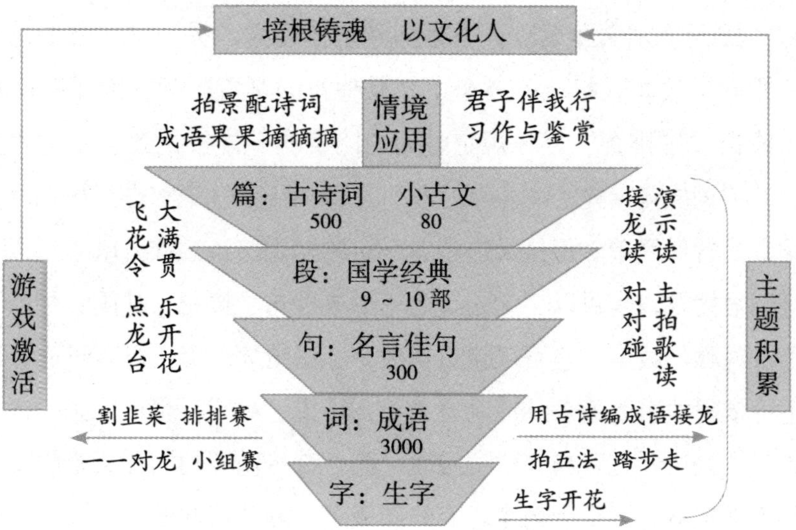

小学优秀传统文化接龙教学法体系

第五节　接龙教学法特性及意义分析

没有接触接龙教学法便不了解其魅力，一旦走进接龙课堂，你就会被其震撼的场面深深吸引，觉得接龙教学法就应该属于每一个孩子。这是由接龙教学法的特性和意义决定的。

一、特性分析

1. 浓厚的游戏性、趣味性

接龙教学法顺应了孩子的天性。“兴趣是最好的老师”，接龙教学法创造了一个高效乐学的氛围，激发了学生内心一定要接出来的参与欲望，使学生在愉悦的情感中主动思维，掌握技能，从而达到最佳的教学效果。

接龙教学法趣味性浓厚。首先我们的名词术语都是自己命名，28种接龙方式，都充满了新鲜感、亲切感、刺激感。每种形式既有一定的难度，又能动动脑子获得成功。

如“成语接龙割韭菜”，一排同学全体起立，另一排出成语龙头，站着的一排同学接龙，接上的就坐下，其他排同学看时间，所用时间短者为赢家。成语“排排赛”，在规定时间内比赛哪一排接龙数量多。“接龙大满贯”，诗词佳句接龙。“生字开花”，即围绕着一个字进行扩词活动。这些接龙方式看似简单，但是又需要有一定的知识储备。既可以“词语”为单位进行词语接龙，也可以“句子”为单位进行句子接龙；其间，可以说人、物，可以说科幻故事，也可以说童话故事、探险故事等，可详可简，可纯想象，也可依附故事改编。从活动方式上，可说、可写，也可以画。例如“生字开花”“词语开花”与“成语接龙”等，都可以不同的形式来构思。可以说一千个学生就有一千个创意。有的画成了一幅“荷塘图”：6片荷叶是6个词开出的花，中间还点缀了小鱼、蝌蚪，图文并茂；有的把词语开在“苹果”里；有的做成烟花形状，中间还配上奥运福娃。用学生的话说：“既像漂亮的语文作业，又像是美术作品。我很欢乐，很骄傲，很自豪，我觉得自己很了不起。我喜欢这样的开花，很好玩。”还有“给词接龙”，给出没有关联的几个词，让学生用它们想象一个故事。相同的词语，在不同的大脑里演绎出了不同的故事。

随着经典积累的增加，进行接龙竞赛时，男女竞赛，每排竞赛，师生竞赛，一一对龙等丰富的竞赛方式，使课堂充满欢愉。

游戏能让学生内心充满激情，能够最大限度地激发潜能，激发创造力。现在的社会发展得太快，很多学生面对未来充满困惑。孩子们主要面临两个问题：一是孤独抑郁，二是学习压力过大。他们需要放松，需要交流，需要游戏。我们如果在教学中引入游戏，达到“教无痕迹，学无感觉”的境地，将会非常适合小学阶段学生的学习。

喜欢玩游戏，是人的天性。在游戏中做有意义的事情更是有着其乐无穷的“诱惑”，因此接龙教学法一直被孩子们所喜爱。

2. 自主性

因为接龙具有游戏性、竞争性，学生自然在日常积累中有意识地去学习积累中华优秀传统文化经典。只有积累多了，才不至于在“游戏”中“张口结舌”。只有让学生自主地积极学习，才能实现教学活动的真正意义。

我教过的2013级的学生是一群接龙“狂热爱好者”，好多学生都有一个神秘的小本本，里面记着满满的诗词佳句。有的同学为了在“飞花令”中夺魁，竟然自己把出现字频较高的诗句做了整理，数量惊人，有的更是集全家之力进行诗词搜集。

自主性地学习积累经典，丰富了学生的知识面。大量成语和名句出自《论语》《孟子》等经典著作，参与“接龙”后，学生已经能够熟练背诵使用这些成语和名句了。

3. 语用性、经典性

接龙教学中的“成语接龙”和“接龙大满贯”“主题接龙《论语》《诗经》”等，都是和经典文化打交道。接龙教学法确定了经典文化在接龙教学中的核心地位。接龙教学法虽是一种游戏，但因其内容是语言文字，学生在接龙中愉悦、高效地学到大量的知识，这是优于其他教学法的。

接龙教学法以语言文字作为思想的载体、信息的载体、文化的载体，借助中华优秀传统文化中的诗词歌赋等，通过接龙激活上述载体，从优美的诗词到家喻户晓的成语典故，不管是哪种形式的接龙，都会促使学生去深读，去背诵，从而让他们沉浸在经典里，切身体验中华优秀传统文化的博大精深。

接龙教学法大大丰富了学生的词汇量。实践证明，刚入学半年的学生，因参与接龙教学法实践，所掌握的词汇量已经大得惊人。词汇的丰富是语言丰富的基础，语言（母语）的丰富又是学生素养提高的保障。

4. 思维敏捷性、思辨性

接龙教学法激活思维，引发学生头脑风暴。接龙的内容和形式，决定了每一个学生都是参与者、享用者。由此不仅能激发学生的想象力，更能促进学生在接龙中展开自主思考和夯实新旧知识衔接。

接龙是学生头脑风暴的催化剂，使学生思维高度敏捷。接龙让每一间教室诗意盎然。“一分钟成语接龙赛”“割韭菜”“成语果果摘摘摘”“接龙大满贯”等，只要“龙头”（第一个字词或成语）一出，妙语佳句便如千军万马在孩子们的头脑中一起奔腾而来，课堂顿时沸腾啦!

请看2016年全国名家人文教育高端论坛暨名师课堂研讨会上课实录片断：

现在，我把“大满贯”的规则强调一下：

1. 可接诗词，也可接名言谚语，也可接古代典籍里的句子，如《诗经》《论语》《弟子规》……

2. 如果末尾接龙的字不同，可以重复。

3. 说者：口齿清晰。听者：认真听记，快速思考。

4. 游戏比赛时间为一分钟。

这次我们接龙比赛还是分为东西两排。

板书：接龙大满贯

东　　西

师：请参会老师出诗词一句。

现场老师：恰似一江春水向东流。

生：飞流直下三千尺，疑是银河落九天。

生：君不见黄河之水天上来，奔流到海不复回。

生：少小离家老大回，乡音无改鬓毛衰。

生：衰草残阳三万顷。

生：老师，我还有“衰”的。

师：好，请讲。

生：病态如衰弱，厌厌向五年。

衰颜一病难牵复，晓殿君临颇自羞。

血气既衰，戒之在得。

少年莫笑老人衰，风味似平昔。（全场掌声）

生：西北望，射天狼。

生：浪子回头金不换。

生：醉不成欢惨将别，别时茫茫江浸月。

师：“月”，举手的不少，“月”字开花。

生：明月几时有，把酒问青天。

生：明月出天山，苍茫云海间。

生：深林人不知，明月来相照。

生：月明星稀，乌鹊南飞。

……

日常的积累，在情境中被激活，就像一条线在牵引着孩子的思维，把沉淀在头脑中的知识，传递到孩子的大脑，然后瞬间喷涌而出。一条条成语、一句句诗词就像大海里的浪花此起彼伏，奏响最美的旋律。

“主题接龙”中主题种类丰富，既有载人航天飞船升空这样的国家大事，也有“谈谈我们的零花钱”“过生日请客好吗”等身边小事；既有“《论语》主题接龙”“古诗词接龙”等经典文化，也有“崇尚科学”“话旅游”等现代元素。这些不同主题的接龙既可以教育学生明辨是非、学会感恩、知书达理，也可以鼓励他们张扬个性，展现个人风采。

接龙教学法游戏内容包罗万象，学生在玩中识记、思辨、明理，可收到事半功倍的效果。一言以蔽之，接龙教学法真可谓一场“春夜喜雨”。

5. 情境激发性

人人参与的情境激发是接龙课堂的生态。“情境”，指“情景、环境”。“景”是具体、直观和吸引人的，指具体场合的情形与景象。

接龙教学法内容广泛，题材丰富，再加上形式活泼，从而使课堂呈现出欢乐、活跃、热烈的动态情境，极大地激活了学生的潜在能量。很多学生，即便是平时调皮捣蛋的学生、不善于发言的学生，在接龙课堂上也都变了个样。正如学生所言：“接龙中，同学们的词语犹如大海里的浪花一朵接着一朵，老师、同学的眼里都放着亮光，我们的嘴巴都微微张着，等待前一个同学话音落地，好让一个新的词语立刻从我们的嘴里蹦出来。每每这时，丁老师的脸上都洋溢着灿烂的微笑。说来也奇怪，所有的词语此时都像豆子一样从我们的脑海里蹦了出来。”

这样的效果，其实就是受所谓的“情境感染”而达到的，也就是我们常说的一种“气场”。以灵动的场景促进思维，激起学生学习欲望，不管教师还是学生，甚或包括听课的教师一起形成了一个广阔的能量场，从而促使同学们主动积极地思考，大声接出来。可以说，在接龙中，没有一个学生不在动脑思考；即便没有举手发言的同学，也都在积极思考。

在“词语接龙”中，平日不爱发言的学生由于担心自己不举手会影响到整个小组，也都积极参与进来；有的同学想得慢，其他同学也不会责怪他，而是努力去帮助他，寻求解决问题的办法。

特别是“故事接龙”，还能为学生提供良好的暗示、启迪，有利于锻炼学生的创造性思维。构思故事不仅需要丰富的想象力、灵活的应变力，更需要配合，前后呼应连贯。同学们需要先充分领会前面同学所表达的意思，再边想边说，不能一下把故事说“死”，不然后面的同学就没办法再接下去了。

“成语接龙”，不管是哪一种形式，有一个测评方法是“参与率”，参与同学的数量同时计入分数，这样促使每一个学生必须积极参与进来。

合作观察描写一个事物，打破了以往学生一贯独立写作的习惯，不仅解决了小学生初学写作的困难，克服害怕写作文的心理，还让学生在游戏中发挥各自的特长，激发他们写作的欲望，培养合作精神。

就是简单的“词语开花”，也充分体现了合作精神。“看哪个组开得花儿大，花儿美！”老师话音一落，同学们会很自觉地分工，经常会听见这样的话：“你写得快，你写，不会的字我负责查字典；你们两个边想边描画那个场面啊。”真是又快乐又紧张，平时爱打闹的同学不打闹了，呈现在我们眼前的是一派和谐、融洽的场景。

实践证明，越是团结的小组，在各种形式的接龙中表现越是优秀；表现越优秀的同学，得到的表扬越多。如此，学生就更加愿意合作，这一切都是由情境激发生成的。

6. 想象性

想象为接龙教学法插上腾飞的翅膀。人的潜能，唯有在身心和谐的情况下，才能发挥出最佳水平。接龙教学法中的“故事接龙”就是一片充满想象的自由天地，学生们插上想象的翅膀，海阔天空地接起来，创造着一个个奇妙的故事。跌宕起伏的情节，寓意深刻的哲理，朴实自然的人物等，都在学生们的大脑中生成。这个场景是多么美妙啊！

思维能力的培养是基础教育阶段的重要研究课题，其结果也影响着国民素质的高低。在应试教育高压之下，学生本该丰富的想象力都被考试检测代替，尤其小学阶段，一定要在童年时期给予孩子们放飞想象的空间和创造想象的平台。众所周知，想象力比知识更重要，它囊括着世上的一切，推动着社会的进步，并且是知识进化的源泉。“故事接龙”“给词接龙”等使孩子们身在教室，心却穿越了上下五千年，甚至飞出了地球，在无限宇宙中翱翔。

7. 专注性

接龙的规则，决定了每一个学生须全程专注，因为稍不留神，就接不上来。规则中有一条是“不重复”，不管是词语接龙还是成语接龙，很容易重复前面同学所说的，重复的要么不算接龙数目，要么直接算输。所以需要每一个接龙者全身心地听，快速思索。

二、意义分析

1. 接龙教学法催发了学生的幸福感，起到高效减负提质之效果

陶行知先生说，我们不仅需要面包，更需要水仙花。“水仙花”代表的是精神交流和精神的丰富。接龙教学法让学生在乐学的环境中展开有意识和无意识的学习。小学阶段，学生可以较为轻松地背诵10万到12万字，囊括了中学6年的背诵内容，从而提前为学生辛苦的中学时光进行了减负，为他们幸福的人生开创了道路。幸福来自接龙教学的过程，过程中学生的道德品质得到熏陶和培养，这种在群体中获得的幸福感不管时间长短，都会影响学生的一生。

济南市章丘区文祖街道中心小学，在进行接龙教学伊始，有次任文校长去听接龙课，课间有学生竟然哭了。任校长问起缘由，学生说：“我们是幸福的，因为我们从来没有上过这么好的课。”当然，学生心中所谓的“好课”，是来自他们内心的一种真实的体验。

幸福感来自每一个学生都是接龙的主角，在这里没有学习成绩的优劣之分，没有班干部和一般学生之别，每一个孩子都是平等的，只要努力一点，就马上有立竿见影的收获。

特别是“学困生”，他们也在接龙的课堂找到了自己发言的机会、成功的舞台。每一个孩子的眼睛都是亮的，每一个孩子的心情都是激动的、兴奋的。

常规课堂一节课40分钟，全班可以读古诗80首，而用接龙大满贯的方法，一分钟竞赛，可激活古诗词名言佳句20多句，每一句相当于激活一首古诗词，这是常规课堂学习的8～10倍。因接龙教学法具有知识学习的连续性，能将庞大的优秀传统文化内容进行归类整理形成主题接龙，学生能够在一定的情境下，快速建立知识链接，内化为自己的知识储备。通过主题接龙

的方法学习《论语》《诗经》等经典，节省了学习时间，极大地提高了学生的学习效率，并且能够在生活中自然应用。

早在多年前，我在教学现场会上就用“高效减负出成绩”来诠释接龙教学法的目标。二十多年来，我布置的作业量一直没有增减，数学老师都愿意和我做同班教学。而学生们的读书量、背诵量远远超过其他平行班。学生是幸福的，初中阶段一定比小学优秀，高中比初中优秀，从而一步步地为他们的幸福人生打好基础。

2. 接龙教学法建设“具身、合力、共进、共享”的学习观

接龙教学法在学习过程中，具有强烈的“共进性”。接龙积累中，多用肢体语言演示、击拍歌读，其具身性符合儿童心理发展规律，促进了共进式学习，所以接龙的课堂上没有差生。

接龙教学法面对的是一个班级的学生，它彻底打破了个体思维的惯性和局限性，将众人的智慧熔于一炉，每位学生都是参与者，都是“接龙”的主角，都是该“龙”的作者，就像一列火车，每位参与者是其中的一节车厢，维护好“火车”的前行“人人有责”。如果前一个学生把故事接“死”了，后一个同学不能埋怨，要想办法做到“柳暗花明”。学生之间，形成一种默契、一种无形的团结。不管是故事接龙还是多种形式的竞赛，大家的共同目标就是接上来，然后享受接龙带来的快乐。

3. 接龙课堂促进学生综合素养的提升

接龙教学融合了学生的“听、说、读、思、背、写”等语文核心素养。

为了说好一个话题，学生就需要认真倾听，注意力高度集中，心领神会。如果你说你的，我讲我的，那么就谈不成一个话题，形不成接龙。

听：学会倾听；说：大声讲，有自信；读：读经典名著；背：经典积累；思：思考能力、思辨能力；写：习作运用。

接龙教学所呈现出来的素养是特别明显的，不仅有上述的听说读写，更有边听边想边说的快速思维能力。

2007年，一批校长来我校听课，距离下课还有三分钟的时候，我们班进

行了一个“故事接龙”的游戏。按照惯例，龙头由听课老师出，于是出现了下面一幕：

听课老师：曹操称人。

师：老师给我们送上一句“曹操称人”，可以作为这个故事的题目。请同学们围绕这个题目，快速思考，即时接龙。

生接龙：

金昭：一天，曹操偶得悠闲，在后花园中散步。突然想起曹冲称象的事情，不觉喜上眉梢。于是，他双眼一眯，今天我再称点什么呢？

孟子蕴：曹操把头一晃，对了，称称我的大军有多少吧。于是叫来谋士，把自己的想法告诉了他，问他用什么来称。

郑锦：称我们的大军，当然用秤来称。

金昭：可是一个个来称太麻烦，不像称一头大象那样，再说去哪儿弄到那么大的秤呢？

牟耿悦：谋士回家想了想，便从网上网购了天下所有的大秤。

李文馨：因为士兵太多，秤太小，谋士便把所有的秤合并成一个大秤。

金昭：一群群士兵上去称，很快秤压坏了。

李文馨：谋士担心被曹操砍头，眉头一皱想出了主意。报告说：“我们的士兵不可计量，连天下所有的秤都称不了，您看我们多么强大啊！”曹操一听，大喜道：“是啊，我军怎么能称得过来呢。”于是赐给谋士很多黄金和布匹。

类似的故事接龙比比皆是，不管是我自己带的学生还是借班上课，学生都能快速进入接龙状态，能够如同一人一样娓娓道来。像上述接龙中，最后李文馨同学的巧妙结尾，不仅暗合了曹操的心理，而且流露出人性的善良，给予故事完美结局。

接龙教学法不仅促进了优秀传统文化的学习，还推动了语文核心素养的提升，尤其在小学生心中播下了社会和谐、向上向善的思想文化种子。种子的萌芽成长就是中华传统美德的呈现。中华优秀传统文化蕴含着丰富的道德伦理和规范，如爱国情怀，崇德向善、见贤思齐的社会风尚，孝悌忠信、礼义廉耻的荣辱观，自强不息、敬业乐群、扶危济困、见义勇为、孝老爱亲的传统美德等。

第六节　接龙教学法实施策略与评价建议

接龙教学法作为小学优秀传统文化教学的一种有效方法，教学过程中，有以下实施策略和评价建议。

一、遵循原则

坚持科学的发展观，遵循学生身心发展规律，有序推进。学习内容上，依据学情，由浅入深，层级递进，按照小学生认知特点和记忆规律，进行科学有序、多层次、多维度地学以致用，最后落脚到涵养学生精神，坚定文化自信上。

二、实施内容建议

根据学情，进行“字、词、句、段、篇”的学习。

字，即生字学习，运用“生字开花”夯实母语基础，进行全方位汉字学习。如“字源”“生字开花——扩词（成语）”“生字激活诗词”“生字组文练思维”等。这一过程贯穿整个小学阶段。

词，成语的学习，运用“生肖、古诗”带出法进行成语接龙的学习，高效积累词汇。

句、段、篇的学习，精选格言警句、古诗词文、经典原文，主题整合，设计层级递进的“闯关·应用”，丰厚文化素养。

以上内容，根据年级适时而用，或交互学习。

三、实施方法建议

根据“三阶28式”，多通过动态课堂学习，在课堂上全员整齐划一地击拍歌读学习，共进式学习形成强大的接龙气场，促进每一个学生融于课堂中，达到“人人参与，人人出彩，合力共享”之效果。

具体实施方式上，根据当地学情，巧妙运用。先积累，在积累一段时间后便开始激活和应用。然后就是一边积累，一边激活和应用。

四、实施的时间建议

实践接龙教学法的时间是灵活的。笔者二十多年来，大都是利用晨读时间安排学生读背优秀传统文化，有时也利用语文课学习。时间或长或短，根据内容而定。

假期也是积累的好机会，根据学情可以适量安排读背内容，把内容平均安排到每一天。如每天一句《论语》“君子”主题背诵，每天15条成语接龙等。日积月累，就储存了大量经典文化。

激活，利用课前一到三分钟的时间完成。有时也可以拿出一节课来激活，根据情况而定。

五、评价体系建议

根据接龙方式，制定接龙规则与简便、及时的表现性评价标准，助力学习目标的落实。无规则不成游戏。接龙教学法游戏道具是语言，所以接龙教学法属于语言游戏。接龙教学法中的多种活动都是按照游戏的规则来运行，贯穿着一种游戏精神。

任何接龙活动（说）都应遵守的规则是：（1）大声说；（2）认真听；（3）快速想；（4）不重复。这里特别强调“说”“听”。说者大声是对听者的尊重，只有大声说了，对方才能听清楚内容，然后才能“接”上。作为听者，认真倾听也是对说者的尊重，只有认真听，才能快速想，也是开展后续的接龙最基本的条件。“不重复”，在内容上不能重复。如“成语接龙”，不能重复接相同的成语。为了不重复，所以必须认真倾听。这样就形成了“听”和“说”的相互关联的关系。在人人参与的游戏中，培养学生“听、说、想、思”等多种语言素养。

接龙活动大都是以“竞赛”的方式完成，有竞赛，自然有规则，规则的遵守也同样是培养学生品德的一剂良方。

（一）注重多种评价方法的使用，要灵活不要固定

1. 积累中，以增值性评价为主，激发每一个学生认真读背，设立星级积累评价体系。

2. 激活中，评价简约、有趣、及时；竞赛中，接龙规则即评价。

3. 应用中，以表现性评价为主，包括活动展示、习作应用、演讲、日常表现等。

（二）关注课程学习过程和成果评价

根据学情，以激励性评价为主，不能给学生负担。

接龙激活量化统计表

接龙名称	成语接龙	之乎者也乐开花	接龙大满贯	飞花令
时间	1 分钟	3 分钟	3 分钟	3 ~ 6 分钟
数量	45 条左右	50 句	40 ~ 55 句	20 ~ 50 句 （看主题字）
兴奋点	低年级 1 小时 中高年级 2 小时	中高年级 1 ~ 2 小时	中高年级 1 ~ 2 小时	中高年级 1 ~ 2 小时
参与率	100%	100%	100%	100%

优秀传统文化学习内容及评价

<table>
<tr><th colspan="2">学习内容</th><th>年级</th><th>学习量</th><th>评价标准</th><th>积累、激活、应用（竞赛时遵循游戏规则）</th><th>备注</th></tr>
<tr><td rowspan="3">1</td><td rowspan="3">成语学习</td><td>1</td><td>下学期
600条</td><td>成语小能手</td><td rowspan="3">成语排排赛、一一对龙、割韭菜等形式，在时间、接龙数量、参与率上进行比赛</td><td rowspan="3">激活中，及时评价，展示活动结果即评价结果</td></tr>
<tr><td>2～4</td><td>2000条</td><td>成语能手</td></tr>
<tr><td>5～6</td><td>500条</td><td>成语达人</td></tr>
<tr><td rowspan="3">2</td><td rowspan="3">古诗词背诵</td><td>1</td><td>112首（上学期和寒假40首）</td><td>诗词小才子</td><td>接龙大满贯</td><td rowspan="3">应用中，成语果果摘摘摘、拍景配诗词、习作运用</td></tr>
<tr><td>1～3</td><td>100首（含初中、高中）</td><td>诗词才子</td><td rowspan="2">飞花令</td></tr>
<tr><td>4～6</td><td>复习一至三年级所背内容</td><td>诗词达人</td></tr>
<tr><td>3</td><td>名言佳句背诵</td><td>1～6</td><td>300句，每学年50句</td><td>百句名言小能手
双百名言能手
300名言达人</td><td>名言佳句古今对对碰</td><td rowspan="2">妙笔生花小古文
生活中，君子伴我行、名胜古迹欣赏等</td></tr>
<tr><td>4</td><td>古文背诵</td><td>4～6</td><td>80篇</td><td>30篇：古文小能手
60篇：古文能手
80篇：古文达人</td><td>之乎者也乐开花</td></tr>
</table>

五、创建多学科融通学习环境的建议

接龙教学法可以迁移到语文、英语、数学、美术、道德与法治、体育等学科领域，多层次、多维度的学以致用方式，深度拓展学习视野，实现价值引领。

1. 语文：语文中的古诗词、文言文背诵皆可使用接龙教学法，想象故事接龙也常用。

2. 数学：主要应用在四则运算中。

数学	阶段一	阶段二	阶段三
四则运算	生 1：3+2=5 生 2：5−1=4 生 3：4+4=8	生 1：8−1 生 2：7、7+3 生 3：10、10−6 生 4：4、4+4	生 1：2×3 生 2：6×5 生 3：30÷3 生 4：10+15 生 5：25−4 生 6：21÷7

3. 英语：基本同词语接龙和词语开花。

主题接龙 和单词字母接龙	自由接 小组接 竖排接	“s”开头的单词。 单词字母接龙：sky—yellow — window — woman

4. 美术：“生字开花”的艺术设计创意和色彩搭配等。

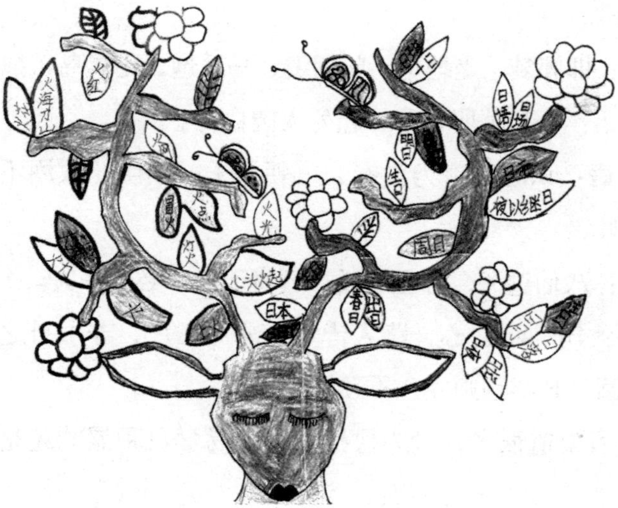

5. 体育：“接龙韵律操”，即用古诗接龙、成语接龙，配上背景音乐，作为全校大课间操。

第三章　成语学习

成语是指汉语中形式简练、含义丰富、长期习用的固定词组。一般由四个字组成，来源不一，大多出自古代诗文、神话传说、历史故事等。成语是中国传统文化的一大特色，是中华文化中一颗璀璨的明珠。

成语凝聚了中华优秀传统文化的精髓，言简意赅，是每一个中国人都应该学习掌握的一种语言素养。成语中蕴藏着丰富的知识与文化底蕴，简单有趣，读成语就是读百家故事。学习成语可以激发孩子的好奇心与求知欲，促使他们探索成语背后的故事，是撬动传统文化学习的有效方法。

成语有固定的结构形式和固定的说法，表示一定的意义，在语句中是作为一个整体来应用的，多为书面用语。大多为四字，亦有三字、五字甚至七字以上的成语。

三字成语：邯郸梦、坐地炮、闭门羹、马后炮、比翼鸟、抱佛脚。

六个字成语：丁是丁卯是卯、起死人肉白骨。

七个字成语：识时务者为俊杰、一朝天子一朝臣、敬酒不吃吃罚酒、横挑鼻子竖挑眼。

八字成语：八仙过海，各显神通；智者千虑，必有一失。

九字成语：司马昭之心，路人皆知；冰冻三尺，非一日之寒；不以规矩，不能成方圆；凡事预则立，不预则废。

成语的学习渠道很多，最为快捷方便、易学易积累的还是用接龙的形式。

第一节　古诗、生肖带出法

成语接龙属于接龙教学法的一种学习形式，是集游戏性、合作性、知识性、参与性和应用性于一体的学习方法，符合教育科学的规律，易学、易教、易用、易操作，生命力强。可以从简单的“成语接龙”一步一步过渡到博大精深的传统文化，形成知识接龙链接，寓教于乐，适合学生的心理认知规律。

古诗成语接龙和生肖成语接龙，属于接龙教学法的独创方法，简单、有趣，借助古诗和生肖载体学习成语。

一、高效积累成语方法——古诗带出法

借用古诗进行成语接龙。这里用两首古诗来示范，如2017年我撰写的《成语接龙大闯关》一书。该书用一首古诗中的20个字，每一个字作为成语接龙的开头，然后接龙30条成语，且第30条成语的最后一字必须回到开头第一个字，形成顶针首尾成语龙。学生根据这一特点，可以一气背完成语600条。

山村咏怀

（北宋）邵雍

一去二三里，烟村四五家。

亭台六七座，八九十枝花。

一字千金 …… 天人合**一**

去暗投明 …… 一来二**去**

二帝三王 …… 有一无**二**

三拳两脚 …… 举一反**三**

烟消火灭 …… 落纸云**烟**

村夫俗子 …… 前不着**村**

四平八稳 …… 言三语**四**

五谷不分 …… 隔三差**五**

里应外合 …… 去题万**里**	**家**有敝帚 …… 亡国破**家**
亭亭玉立 …… 长亭短**亭**	**八**斗之才 …… 横七竖**八**
台阁生风 …… 下不来**台**	**九**牛一毛 …… 言十妄**九**
六神无主 …… 人五人**六**	**十**步芳草 …… 一五一**十**
七高八低 …… 不管三**七**	**枝**布叶分 …… 枝外生**枝**
座无虚席 …… 三台八**座**	**花**好月圆 …… 天女散**花**

——共计 600条成语

另一首是《登鹳雀楼》，每字接龙成语56条，依旧采取顶针首尾一致的形式，学生可以积累1120条成语。两首古诗合计1720条成语，一学期加上一个假期能够背完。

登鹳雀楼

（唐）王之涣

白日依山尽，黄河入海流。

欲穷千里目，更上一层楼。

白头偕老 …… 数黄论**白**（56条）

日积月累 …… 暗无天**日**（56条）

依然如故 …… 生死相**依**（56条）

山南海北 …… 寿比南**山**（56条）

尽忠报国 …… 仁至义**尽**（56条）

…… ……

—— 共计1120条成语

二、生肖带出法

生肖带出法（可用同音字），即借助“十二生肖”，首尾字进行顶针成语接龙，便于积累和背诵。适合幼儿园和一到三年级学生学习。

子鼠：**子**孙后代 …… 胆小如**鼠**（30条）

丑牛：**丑**态百出 …… 气壮如**牛**（30条）

寅虎：**寅**吃卯粮 …… 生龙活**虎** （30条）

卯兔：**卯**是卯丁是丁 …… 一雕双**兔** （30条）

辰龙：**晨**钟暮鼓 …… 人中之**龙** （30条）

巳蛇：**四**海升平 …… 打草惊**蛇** （30条）

午马：**午**日三公 …… 青梅竹**马** （30条）

未羊：**未**卜先知 …… 顺手牵**羊** （30条）

申猴：**申**冤吐气 …… 杀鸡儆**猴** （30条）

酉鸡：**鸡**黍之交 …… 书通二**酉** （30条）

戌狗：**虚**骄恃气 …… 斗鸡养**狗** （30条）

亥猪：**骇**人听闻 …… 一龙一**猪** （30条）

借助生肖，一共可以积累360条成语。

两首古诗，十二生肖，共可计积累成语2080条。

第二节 成语接龙趣味读法研究

成语接龙的学习材料已经备好，如何有效有趣地学习是非常重要的。因为要积累，就需要多读，读熟了才能背诵。长期坚持的事情，对于小学生来说，需要艺术技巧来引导。成语接龙读起来像一条线一样牵引着不断往下延续，如果在读的时候，丰富读的方式，使学生乐此不疲地读背，那就是一种艺术。这要根据学生的心理特点和成长规律理论，研发花样读的多种方式。

一、接龙读

两组或者两组以上进行接龙读成语，可以一组一条或数条。

1. 男女生接龙读。

2. 每排接龙读。

3. 小组四人接龙读。

二、成语接龙趣味拍读

用音乐的节拍，加上手的动作（可单手轻拍桌子，也可双手相互击拍）来读诵成语。

拍读法即乐读“拍五法”（拍一法、拍二法、拍三法、拍四法、拍五法）。成语接龙的每字30条成语用乐读拍五法来读背，简单易学，做起来整齐划一，整个课堂气氛高涨、充满律动性，可以起到益智健体的作用。有的还可以做成成语接龙操。室内操：成语接龙踏步走，根据拍读法，加上脚的动作，胳膊甩起来；室外操：配乐加动作，韵律操。

三、接龙趣味拍读

1. 接龙趣味拍读是在“接龙读”和“拍读法”的基础上，进行的一种读法。如：男女生进行拍三法接龙读：

男：一字千金　金口玉言　言过/其实

女：实话实说　说黑道白　白面/书生

2. 踏步式接龙：这是在背诵后进行的一种运动。大家一起按着拍读的节奏一边踏步，一边甩起胳膊。

3. 同桌拍读成语接龙：学生在基本背熟的情况下，同学相互拍手游戏，同时背着成语。手法动作自己商量决定。

四、拍读法的科学性、规律性探究

1. 按照学生读成语的熟悉程度循序渐进。

第一遍读，内容生疏，拍一法属于慢节奏。拍二、拍三、拍四，随着对内容逐渐熟悉，语速逐渐变快。尤其是拍五法，适合接近背诵的程度，只重复最后一个字，带有接龙的明显特征。

2. 符合人体呼吸的规律性。

拍读法的设计符合人体一呼一吸的节奏，读起来时不觉得气喘吁吁。

3. 拍读成语益智健体。

人的两只手上有很多穴位，长期拍打，可以按摩身体穴位，起到益智健体的作用。我曾多次采访学生，让他们讲讲拍完五遍的感受：“双手有麻、酥、痒的感觉，心情非常愉快、兴奋，还想继续拍。”

4. 拍读符合学生成长的规律性。

击拍，是一项体育运动。活泼好动是学生的天性，一节课如果想让学生一直处在身体静态中，且保持学习状态，80%的学生是做不到的。拍读可以让全体学生融于气氛高涨的大环境中专注地共进式学习。

第三节　成语接龙趣味拍五法详解

教学目标：

学会成语接龙五种拍读法。

教学过程：

一课时。

一、导课

成语接龙是学习和积累成语的最佳方法，我们如何去读才能做到不厌其烦、生动有趣呢？

二、学习拍读法

乐拍成语，是给成语接龙配上音乐，再让我们的手动起来，然后读成语。

一字千金　金口玉言　言过其实　实话实说　说黑道白　白面书生

生龙活虎　虎口拔牙　牙牙学语　语惊四座　座无空席　席地而坐

坐井观天　天子门生　生死关头　头面人物　物归原主　主次不分

分门别户　户告人晓　晓风残月　月下花前　前无古人　人非草木

木已成舟　舟车之苦　苦口婆心　心急如火　火光烛天　天人合一

——摘自《成语接龙大闯关》

学习拍读五法

拍读法详解：

1. 拍一法：一条成语为一组，前两个字一拍，后两个字每字一拍。

拍一：$\frac{2}{4}$ ×× × | × — | | |
一字 千 金

一 字 | 千 | 金 — | 金口 | 玉 | 言 — | 言过 | 其 | 实 — | 实话 | 实 | 说 —

2. 拍二法：两条成语为一组，第一条成语两字一拍，第二条成语读成拍一法。

拍二：$\frac{2}{4}$ ×× ×× | ×× × | × — ‖
一字 千金 金口 玉 言

一字 千金 | 金口 玉 | 言 — | 言过 其实 | 实话 实 | 说 — |
说黑 道白 | 白面 书 | 生 — | 生龙 活虎 | 虎口 拔 | 牙 — |
牙牙 学语 | 语惊 四 | 座 — | 座无 空席 | 席地 而 | 坐 — |
坐井 观天 | 天子 门 | 生 — | 生死 关头 | 头面 人 | 物 — |
物归 原主 | 主次 不 | 分 — | 分门 别户 | 户告 人 | 晓 — |
晓风 残月 | 月下 花 | 前 — | 前无 古人 | 人非 草 | 木 — |
木已 成舟 | 舟车 之 | 苦 — | 苦口 婆心 | 心急 如 | 火 — |
火光 烛天 | 天人 合 | 一 — |

3. 拍三法：三条成语为一组，前两条每两字一拍，第三条一、三字半拍，二、四字一拍。

拍三：$\frac{2}{4}$ ×× ×× | ×× ×× | × × × | × 0 |
一字 千金 金口 玉言 言 过 其 实

一字 千金 | 金口 玉言 | 言 过 其 | 实 0 |
实话 实说 | 说黑 道白 | 白 面 书 | 生 0 |
生龙 活虎 | 虎口 拔牙 | 牙 牙 学 | 语 0 |
语惊 四座 | 座无 空席 | 席 地 而 | 坐 0 |
坐井 观天 | 天子 门生 | 生 死 关 | 头 0 |

头面 人物 | 物归 原主 | 主 次 不 | 分 0 |
分门 别户 | 户告 人晓 | 晓 风 残 | 月 0 |
月下 花前 | 前无 古人 | 人 非 草 | 木 0 |
木已 成舟 | 舟车 之苦 | 苦 口 婆 | 心 0 |
心急 如火 | 火光 烛天 | 天 人 合 | 一 0 |

4. 拍四法：四条成语为一组，读法如下：

拍四：2/4 × × × | × 0 | × × × | × 0 |
一 字 千 金 金 口 玉 言

× × | × × | × × × | × 0 |
言 过 其 实 实 话 实 说

一字千 | 金 0 | 金口玉 | 言 0 | 言过 | 其实 | 实话实 | 说 0 |
说黑道 | 白 0 | 白面书 | 生 0 | 生龙 | 活虎 | 虎口拔 | 牙 0 |
牙牙学 | 语 0 | 语惊四 | 座 0 | 座无 | 空席 | 席地而 | 坐 0 |
坐井观 | 天 0 | 天子门 | 生 0 | 生死 | 关头 | 头面人 | 物 0 |
物归原 | 主 0 | 主次不 | 分 0 | 分门 | 别户 | 户告人 | 晓 0 |
晓风残 | 月 0 | 月下花 | 前 0 | 前无 | 古人 | 人非草 | 木 0 |
木已成 | 舟 0 | 舟车之 | 苦 0 | 苦口 | 婆心 | 心急如 | 火 0 |
火光烛 | 天 0 | 天人合 | 一 0 | (一字千 | 金 0 | 金口玉 | 言 0)

因为拍四法是4条成语为一组，30条成语，最后两条成语再循环开头两条成语，合成4条成语，这样可以循环拍读。

5. 拍五法：把一条成语的最后一字重复，拍成五个字。每字半拍。

拍五：3/4 ×× ×× ×0 | ×× ×× ×0 | | |
一字 千金 金 金口 玉言 言

一字 千金 金 0 | 金口 玉言 言 0 | 言过 其实 实 0 |
实话 实说 说 0 | 说黑 道白 白 0 | 白面 书生 生 0 |
生龙 活虎 虎 0 | 虎口 拔牙 牙 0 | 牙牙 学语 语 0 |
语惊 四座 座 0 | 座无 空席 席 0 | 席地 而坐 坐 0 |

坐井 观天 天0 | 天子 门生 生0 | 生死 关头 头0 |

头面 人物 物0 | 物归 原主 主0 | 主次 不分 分0 |

分门 别户 户0 | 户告 人晓 晓0 | 晓风 残月 月0 |

月下 花前 前0 | 前无 古人 人0 | 人非 草木 木0 |

木已 成舟 舟0 | 舟车 之苦 苦0 | 苦口 婆心 心0 |

心急 如火 火0 | 火光 烛天 天0 | 天人 合一 一0 |

三、自行开发

当然，读成语接龙，不一定就这五种方法，大家可以继续发扬光大。感觉拍得舒服，学得愉快就是好方法。下了课可拍，回到家可以和父母拍。拍着拍着，成语也会了，身体也健康了，可谓一举多得。

第四节 《成语接龙大闯关》“一”字龙教学案例

教学目标：

1. 复习巩固拍五法。
2. 完成闯关游戏。
3. 实践成语，学以致用。

教学过程：

一、闯关游戏

（一）乐读成语第一关

导言：同学们，拳不离手，曲不离口，我们刚刚学过成语拍读法，现在打开书，一起拍起来。

1. 拍一法：师生一起拍。
2. 拍二法：男女生接龙拍读。
3. 拍三法：两排接龙拍读。

4. 拍四法：双手拍。

5. 拍五法：同桌互拍。

（以上拍读法，可自行设计。）

（二）诵读识字第二关

1. 接龙识字。（用于1～3年级学生）

烛	zhú	道	____	虎	____	座	____
坐	____	席	____	晓	____	残	____
舟	____	婆	____	急	____	物	____

2. 加注拼音。

（三）熟能成诵（背）第三关

识记成语，生拍读或读或背。

（四）补补写写第四关

同学们拿出笔在书上填补成语。

1. 生动笔写。

分□别□	坐□观天	物□原主
□告□晓	前无□人	牙牙□语
天□门□	天人□一	□无空席

2. 同学互查。

分门别户　　坐井观天　　物归原主

户告人晓　　前无古人　　牙牙学语

天子门生　　天人合一　　座无空席

（五）火眼金睛第五关

1. 拿出两种颜色不同的彩笔，在九宫格中涂色，一条成语四字一色。

主	人	井
坐	原	物
观	归	天

头	月	物
晓	看	残
人	风	面

前	木	分
门	古	户
人	别	无

空	如	实
说	话	座
无	席	实

月	非	口
苦	前	心
花	婆	下

户	黑	晓
人	说	白
面	道	告

2. 小组核对涂色成语。

主	人	井
坐	原	物
观	归	天

头	月	物
晓	看	残
人	风	面

前	木	分
门	古	户
人	别	无

空	如	实
说	话	座
无	席	实

月	非	口
苦	前	心
花	婆	下

户	黑	晓
人	说	白
面	道	告

（六）故事开讲第六关

中国的成语大多来自典故，有一定的出处，读成语就是读百家故事。这里，有“一”字开头的成语“一字千金”，请同学们讲一讲。可以照书讲，也可以补充故事情节。

（七）一眼看穿第七关

1. 看图猜成语。

很多成语可以用图来表示其中的意思，大家仔细观察这两幅图，从30条成语里找出答案来，写在横线上。

生：虎口拔牙　席地而坐

2. 感兴趣的同学可以自己选择成语画画。

（八）能读会悟第八关（三年级以上完成）

1. 根据意思，配上成语，小组合作完成。

（1）某人讲出来的话让在座的惊讶不已。（　　　）

（2）旧时俗指皇帝说的话，现在泛指有身份有权威的人说的不能改变的话。（　　　）

（3）形容清晨冷落凄凉的意境。常用来抒写离别之情。（　　　）

（4）指决定生死的最关键、最危急的时刻。（　　　）

（5）木头已经做成船。比喻事情已成定局，不可挽回。（　　　）

（6）坐船、坐车的辛苦。指旅途的劳累。（　　　）

（7）指在社会上有较大名声或势力而又经常抛头露面的人。（　　　）

（8）本指景色优美的环境。现多指男女幽会的地方。（　　　）

（9）指缺乏阅历经验的读书人，也指面孔白净的年轻读书人。（　　　）

（10）比喻对人对事任意评论。（　　　　）

2. 感觉有难度的，可以在书中提供的答案选项里进行选择。

师：指导配成语。抓关键字，联想成语。

例一：某人讲出来的话让在座的惊讶不已。（语惊四座）

例二：指决定生死的最关键、最危急的时刻。（生死关头）

例三：木头已经做成船。比喻事情已成定局，不可挽回。（木已成舟）

例四：坐船、坐车的辛苦。指旅途的劳累。（舟车之苦）

结论：变换字词和抓关键字，找出对应成语。

（九）灵活应用第九关

我们学习成语，就是为了能够应用成语，达到学以致用的目的。

1. 下面10句话，需要用上成语，请大家思考作答。

（1）“春风又绿江南岸”中这个“绿”字可谓（　　　），含意深刻。

（2）平时他懒懒洋洋，可一到赛场上就（　　　），简直判若两人。

（3）（　　　），孰能无情，更何况这一母同胞的血脉亲情。

（4）我觉得他的说法（　　　），不尽可信。

（5）你怎么能对老师（　　　）的劝导充耳不闻呢？

（6）救援队员个个（　　　），恨不得一下子飞过去。

（7）这个人从不说谎，总是（　　　）。

（8）这项任务犹如（　　　），又艰巨，又危险，一定要周密考虑。

（9）写文章要抓住重点，详略得当，不能（　　　）。

（10）英法联军冲进圆明园大肆劫掠后，竟下令放火焚烧，一时间（　　　）。

2. 分析学用成语。

例一：“春风又绿江南岸”中这个“绿”字可谓（一字千金），含意深刻。

例二：平时他懒懒洋洋，可一到赛场上就（生龙活虎），简直判若两人。通过“懒懒洋洋”和“判若两人”，得出“懒懒洋洋”的反义词是“生龙活虎”。

（十）成语创吧第十关

1．“一”字龙，“一”字开头的成语还有好多，大家可以开展“一”字成语飞花。

如果有听课的专家，可以师生飞“一”字花。如果没有，可以两排飞花，或者男女生飞花。

2. 编故事，用上刚才所学成语，看谁用得又多又好。

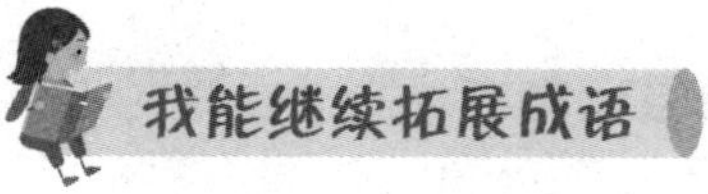

成语开花　　　　　　创意天地（自设闯关题，如成语作文等）

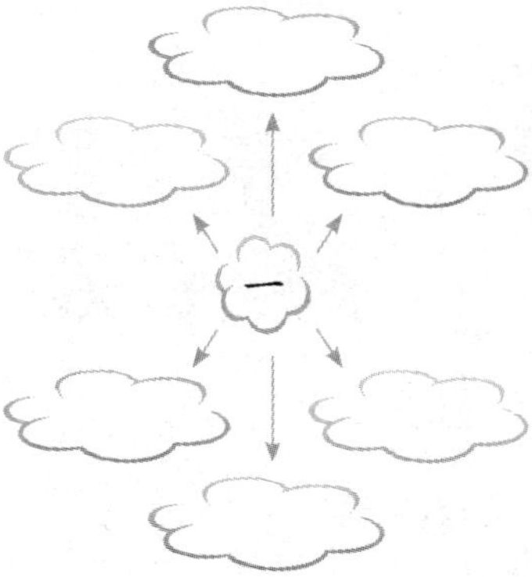

“一”字接龙闯关顺利完成，给自己点个赞吧！

第五节　主题成语学习

主题成语，就是按照成语意思分类，进行主题性学习，优点是便于应用。

一、主题成语分类

主题成语一般可以分为“人物类”“动物类”“植物类”“历史类”“寓言类”“神话类”“季节类”“学习类”等。每一类中又可分为一些小类别，如“季节类”又分为“春、夏、秋、冬”等成语；“人物类”又可分为描写“心情”“动作”“神态”的成语等。

（一）有关“读书、学习”之类的成语

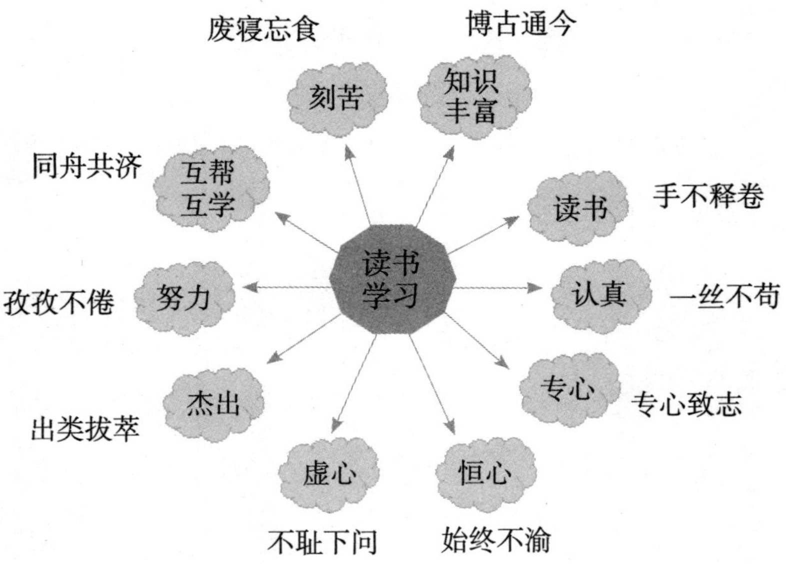

（二）描写四季的成语

1. 春天

风和日丽、春花烂漫、鸟语花香、百鸟鸣春、百花齐放、莺歌燕舞、万紫千红。

2. 夏天

烈日炎炎、骄阳似火、挥汗如雨、大汗淋漓、鸟语蝉鸣、万木葱茏。

3. 秋天

秋高气爽、天高云淡、秋风送爽、秋菊怒放、一叶知秋、秋色宜人、金桂飘香。

4. 冬天

天寒地冻、北风呼啸、寒冬腊月、瑞雪纷飞、冰天雪地、冰封雪盖、漫天飞雪。

5. 包含多个季节

春华秋实、春花秋月、春去冬来、春生夏长、秋收冬藏、寒来暑往、冬暖夏凉。

（三）描写天气的成语

风：秋风送爽　雨：毛毛细雨　雷：雷电交加　霜：春露秋霜

云：天高云淡　雪：漫天飞雪　雾：云天雾地　冰：滴水成冰

阴：彤云密布　晴：万里无云

（四）描写山川景色的成语

可从山、水、江、河、湖、海、天、地等方面展开。

（五）描写精神情绪的成语

可从焦急、慌张、惊喜、忧愁、希望等方面展开。

二、主题成语的应用

如何应用成语呢？可以根据实际需要，随时总结搜集主题成语，现学现用，时间一长，便有了用成语的习惯。例如，在接龙教学法应用之“成语果果摘摘摘”中，学生根据情境用成语说句子，所用成语基本就是属于“主题成语”。

第六节　成语情境应用

学以致用是接龙教学法的目标之一，在很多情境下都可以使用成语。例如，可以应用在锻炼身体的体操中，可以用在活动中，当然也可以用在学生的习作中……

一、成语接龙体操

运用拍五法节奏，配上音乐，再加上动作，可以成为成语操，在全校范围内应用。具体动作可以看“丁惠臻接龙教学法”视频号。

二、依据情境应用

现在校园活动丰富多彩，如何与学习结合并彰显特色，也是对班主任老师的一大考验。如果主题不是特别规定的，我一般就是学什么做什么，避免给家长和学生增加负担。例如，我们班这段时间正在学习成语接龙，那么活动内容就可以设计为成语接龙展示。好多实践校也是如此，有的在升旗仪式时展示，有的在六一儿童节、开学典礼、经典诵读活动时展示。

三、家庭娱乐

家长和孩子一同读背经典，这是接龙教学法的特性。不管是学习古诗词，还是小古文、成语，都可以开展。久而久之，家庭内便充满着书香味道。

孩子和家长在家玩接龙，一起比赛，结果往往是家长输得多，孩子的幸福指数满满的。什么时候接龙？随时随地，饭前饭后或者做家务时都可以。

四、依据情境恰当使用成语

成语属于大众化语言，不管在口语还是书面中，使用频率非常高。因在积累过程中，不断被激活，成语不断在脑海中闪现，所以孩子们在习作中，各种成语也会不断涌现在笔尖。小学阶段，多给学生创设使用成语的情境，请看小作文：

> 随着老师的到来，我们班立刻鸦雀无声。丁老师一说接龙开始，同学们欢呼雀跃，立刻精神抖擞。我们虽然胸有成竹，但也不能掉以轻心，因为双方势均力敌。接龙中，同学们个个出口成章，对答如流。
>
> ——成语果果摘摘摘

五、依成语想象故事

学生一般根据数量较多的成语，或成语接龙，看着一个个成语想象故事，即进行“给词接龙”，创编故事内容；也可以根据我们所学成语内容进行，从说一句、一段话用上一两个成语开始，逐步增加。

成语作文

从前，在那个刀耕火种的时代。有一对国王夫妇，他们过着富贵荣华的生活。老百姓们日出而作，日落而息；官员们励精图治，勤政爱民；有安邦定国的人才，整个国家国富兵强。国王夫妇希望与邻国友谊长久，但邻国穷兵黩武，竟发起战争。两国交锋到底鹿死谁手，一时难料。

国王决定选拔一名武艺超群的将领，在两国交战中，能够除暴安良。一位口蜜腹剑的大臣说：“应该派大王子去。”大王子听了强颜欢笑。只好实话实说：“我的武艺华而不实，还是让有真才实学的小王子去吧！”有一位老气横秋的大臣语重心长地说：“小王子他非常勇敢，视死如归，在战场箭不虚发，排兵布阵料事如神，一定能马到成功。”国王点点头说：“大臣说得合情合理，就选小王子了！”

最后，咱们长话短说：“小王子胜利了，真是大快人心！”

——育秀小学三年级三班　姚雨菲

点评：在这样的一篇故事中，能够应用二十多个成语，作为三年级的小学生来说已经很优秀了。当然，我们暂且不讨论成语用得是否恰当，就应用成语的这个思维习惯来说，已经是难能可贵了。

在作文中，可以让学生自己把使用的成语勾画出来，这也是对学生用成语的一个激励方法。

第七节　词语接龙与数字成语开花课堂实录

一、作业展示

师：这是前天刚做的作业，你们瞧这些生字宝宝都蓬勃地开起花来啦，多美啊！并且有的同学还写上了“成语15个，开花20个”。

二、上课

（一）词语接龙

师：同学们，这节课想不想继续词语接龙开花啊？

生：想！

师：我们现在来一个词语接龙小游戏，哪一排举手最积极，就让哪一排接。

生：（举手）

师：这两排同学举手最积极且全部举起来啦，就让这两排试试，你们两个当龙头，其余的同学要遵守游戏规则——认真听。（板书“听”）说的同学呢？

生：大声说。

师：我们这个龙很快就会长长地接起来。

师：开始！手指前排第一位同学。

生1：兵不厌诈、生2：炸药、生3：药水、生4：水草、生5：草地、
生6：地蛋、生7：弹弓、生8：宫女、生9：女生、生10：生活、
生11：活泼可爱、生12：爱心、生13：心里、生14：里面。

两排结束。举手的学生极多。

师：我们把“面”字来开花。

生1：面包、生2：面条、生3：面桶、生4：百面。

师：请问什么是“百面”？

生4：就是老百姓的面，简称“百面”。

师：哦，你自己创造的啊！

生5：面子、生6：面糊、生7：拉面、生8：面粉、生9：面条。

师：已经说过了，认真听不要重复，再说一个词好吗？

生9：方便面、生10：面面俱到。

师：好！还有很多很多。

师：我们接了一条长长的龙，现在我们就以“龙”字开花，另外19课《乌鸦喝水》有生字“石”，我们现在用“龙”“石”两个字开好多花好吗？

出示幻灯片。

生：好！

师：先想一想。

生1：龙生九子、生2：龙马精神、生3：龙腾虎跃、生4：龙凤飞舞、生5：龙飞凤舞、生6：龙凤呈祥。

师：多吉利的一个词语啊！

生7：龙头、生8：藏龙卧虎。

师9：好，我希望我们班的同学藏龙卧虎。

生10：龙生九子。

生：已经说过了。

师：对，认真听前面的同学，你回去查查龙生了哪九子，好吗？

生10：好！

生11：龙尾。

师：刚才有“龙头”，现在有了“龙尾”。

生12：二龙戏珠、生13：车水马龙、生14：叶公好（hǎo）龙。

师：应该是叶公好（hào）龙，你再说一遍。

生14：叶公好龙。

生齐读：叶公好龙。

生15：龙的传人。

师：好，我们都是龙的传人。

生16：龙卷风、生17：鱼龙混杂、生18：龙凤双子。

师：龙凤双子？这是什么意思呢？回去查查，好吗？

生19：独角龙。

师：独角龙是一种非常凶猛的动物。

师：同学们一个“龙”字开出了这么多花。真棒！下面我们把生字“石”开花。（并同时在黑板上绕石画花朵）

生1：石头、生2：石沉大海、生3：石子、生4：石破天惊。

师：真棒，成语都出来啦！

生5：石灰、生6：一石二鸟、生7：化石、生8：石人、生9：飞沙走石。

生10：海枯石烂、生11：石板、生12：中国石油。

生13：点石为（wèi）金。

师：应该是“点石为（wéi）金”，再说一遍。

生14：老师，还应该是“点石成金”。

师：对，很好！

生15：石像、生16：鹅卵石、生17：石门、生18：老师，我还有……

师：你说。

生18：落井下石。

生19：我也还有！

师：同学们可与同桌互相说说。同桌互说，老师板书开花。

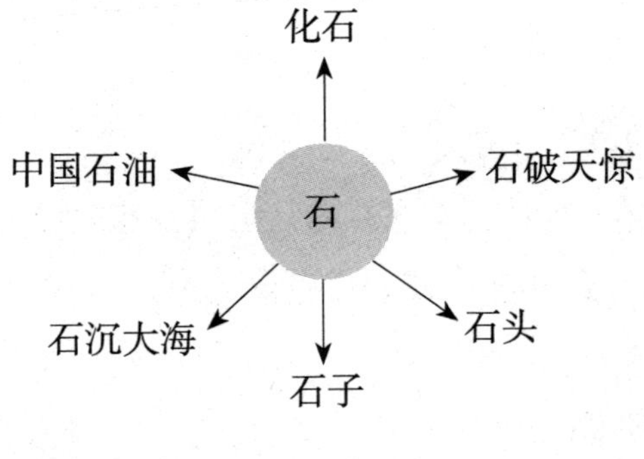

师：大家脑子里怎么有这么多的词语啊？

生1：我是看书看的。　　生2：我是看电视知道的。

生3：我是用脑子想出来的。 生4：爸爸妈妈告诉我的。

师：看来积累词汇的方法还真是多。我们把“龙”和“石”开了好几十个花朵，我写了几朵，现在谁愿意结果子？

生1：中国石油——我爸爸在中国石油加油站加油了。

生2：石子——我扔了一个石子。

生3：宝石——我捡到一颗宝石。

生4：钻石——我买了一个钻石。

师：应该是一颗钻石。

生5：石沉大海——我捡到一个石子，不小心把它丢了，沉到了大海的最深处。

师：也就是“石沉大海”了。

生6：石头——我从地上捡起一块石头。

师：我发现同学们刚才给“龙”和“石”开花时，说出了好多成语，同学们愿意不愿意成语开花啊？

生：愿意！

师：我们来一个数字成语开花，高兴吗？

生：好！

（二）数字成语开花

师：出示幻灯片“数字成语开花”“一”“二”“三”“四”“五”。

下面进行以“一”开头的成语接龙。我发现以“一”开头的成语是最多的，我们说说看。

生1：一心一意、生2：一字千金、生3：一刀两断、生4：一唱一和、

生5：一丝不苟、生6：一目十行、生7：一臂之力、生8：一毛不拔、

生9：一心一意。

师生：第一个同学就说了，一定认真听，不要重复。

生10：一马难追。 生11：老师，应该是“驷马难追”。

师：对。

生12：一石二鸟、生13：一步登天、生14：一马当先、

生15：一马平川、生16：千钧一发。

师：哦，虽然不是一开头，但也有一个“一”字。

生17：一点一滴、生18：一尘不染、生19：一干二净。

（仍有举手的学生）

师：“二”字成语接龙。

生1：二龙戏珠、生2：三心二意。

师：也有“二”字，但不是“二”开头。

生3：二话不说。

师：“三”字开头成语接起来。

生1：三五成群、生2：三生有幸、生3：三长两短、生4：三思而行、生5：三年五载。

师：形容时间很长。

生6：三心二意、生7：三人游泳。

师：这也可以说是一个词，但不是成语，是不是你自创的？

生7：是。

师：“四”字成语开花，开始。

生1：四（驷）马难追。

师：“驷马难追”的“驷”，要在“四”的前面加上“马”字旁。

生2：四季平安、生3：四通八达、生4：四海为家、生5：四面八方、生6：四人过海。

师：哦，从哪儿来的啊？有一个“八仙过海”。

生7：四季发财。

师：真好！

师：同学们越接越厉害，下面看“五”开头的成语。

生1：五颜六色、生2：五彩缤纷、生3：五谷丰登、生4：五颜六色。

师：前面已经说过了，再重新说一个，我教给你一个“五马分尸”，它是古代一种很残忍的用刑手段。重复一遍。

生4：五马分尸、生5：五花八门。

师：出示幻灯片“六”“七”“八”“九”“十”“百”“千”“万”。

师：“六”字开头的成语开起来。

生1：六六大顺、生2：六大传人。

师：什么是“六大传人”呢？是不是自己创造的？咱们最好先从书本上来学习成语。

生3：六神无主、生4：六亲不认。

师：好，我们接着来“七”开头的成语。

生1：七上八下、生2：七扭八歪、生3：七丝不苟。

生4：应该是“一丝不苟”。

生5：七嘴八舌、生6：七字开花。

师：这好像不是一个成语吧？

生6：哈哈，我刚编的。 生7：七拼八凑。

师：同学们发现了没有？“七”和“八”像是一对兄弟，经常出现在同一个成语里面。我们接着看“八”的成语。

生1：八仙过海。

师：各显神通。

生2：八面来风、生3：八面威风、生4：四面八方。

师：把“八”放到后面去了。

师：我们看“九”字开头的成语。

生1：九霄云外、生2：九曲回肠、生3：九九归一、生4：九九团圆。

师：有这个成语吗？

生4：有，我从书上查的。

师：拿书来，让我看看好吗？

生4：好！

生5：九牛一毛、生6：九死一生、生7：九字开花。

师：又是自己创编的！

师：我们快看“十”字开头的成语。

生1：十全十美、生2：实心实意。

师：那是“实在”的“实”。

生3：十万火急、生4：十年树木。

师：百年树人。

生5：十拿九稳、生6：十万灯火。

师：有一个“万家灯火”，是不是自己创编的?

生6：是。

师：看“百”字开花。

生1：百花齐放。

师：百家争鸣。

生2：百战百胜、生3：百众一心、生4：应该是“万众一心”。

生5：百鸟朝凤、生6：百花争艳。

师：很好，我们看“千”的。

生1：千军万马、生2：千篇一律。

师：也好!

生3：千变万化、生4：千言万语、生5：千人一面、生6：千千万万、生7：千真万确。

师：转眼，我们接到“万”开头的成语了。

生1：万人称象。

师：哪里来的?

生1：爸爸告诉我的。

生2：万木复苏、生3：万古长青、生4：万众一心。

师：众志成城。

生5：万里无云、生6：万无一失、

生7：老师，我还有一个“千辛万苦”。

师：也好。

（三）成语擂台赛

师：同学们，你们从“一”到“万”一气接了那么多成语，了不起。看来，同学们太喜欢成语接龙了，下面我们进行“四字词语擂台赛”，可以是四个字的词语，像“中国石油”也可以，看谁接得多，这两排为一组，这两排为第二组。要求：首先要听好，看比赛的同学说完了，你能记住几个?

生1：

花言巧语 语重心长 长命百岁 岁岁平安 安步当车 车水马龙
龙腾虎跃 跃居第一 一字千金 金光闪闪 闪闪发光 光明正大
大起大落 落井下石 石沉大海 海底捞月 月下老人 人杰地灵
灵丹妙药 药到病除 除恶务尽 尽心尽力 力不从心 心安理得
得不偿失 失而复得 得心应手 手忙脚乱 乱说乱动 动手动脚

师：太棒了，同学们小花奖励。

生：小花、小花送给你！（**手捧小花状**）

师：你记住了哪些？

生1：闪闪发光、生2：得心应手、生3：一字千金、生4：车水马龙、生5：月下老人。

……

生2：

春暖花开 开门见山 山清水秀 秀外慧中 中国建设 设身处地
地大物博 博而不精 筋疲力尽 尽善尽美 美丽富饶 饶有兴致
志同道合 合家欢乐 乐极生悲 悲欢离合 合情合理 理所当然
燃眉之急 疾风骤雨 雨过天晴

师：你是怎么得来这么多成语的？

生2：看书，然后经常和爸爸妈妈一起接龙。

师：你们记住了几个？

生1：开门见山、生2：山清水秀、生3：雨过天晴、生4：中国建设。

……

师：还想上来的自己上台，心动不如行动。

生3：

一脉相承 承上启下 下不为例 例行公事 事事关心 心想事成
成千上万 万古长青 青云直上 上行下效 效法于人 人山人海
海底捞月 月满之时 时过境迁 千军万马 马到成功 功成名就
就在眼前 前前后后 后见之明 明目张胆 胆战心惊 惊天动地
地大物博 博学多才

师：小花奖给她。

生：小花、小花送给你！

师：你们记住了几个？

生1：人山人海、生2：千军万马、生3：海底捞月、生4：马到成功、生5：地大物博。

……

生4：

一路平安　安居乐业　叶公好龙　龙马精神　神气十足　足智多谋
谋财害命　命在旦夕　息息相关　官官相护

师：很棒！

师：你们记住了哪些？

生1：一路平安、生2：息息相关、生3：龙马精神。

……

生5：

百花齐放　放虎归山　山高水长　长生不老　老生常谈　谈古论今
今非昔比　比比皆是　是非分明　明目张胆　胆大包天　天经地义
义不容辞　辞旧迎新　新陈代谢　谢天谢地　地大物博　博览群书
书声琅琅　朗朗上口　口说无凭　凭空捏造　造谣惑众　众所周知

……

师：你知道自己接了多少个吗？

生5：不知道，还会很多。

生6：

白头到老　老气横秋　秋高气爽　爽心悦目　目不斜视　视死如归
归心似箭　箭不虚发　发扬光大　大获全胜　胜任愉快　快人快语
语重心长　长话短说　说一不二　二龙戏珠　珠联璧合　合情合理
理屈词穷　穷兵黩武　武艺超群　群雄逐鹿　鹿死谁手　手到病除
除暴安良　良药苦口

……

师：同学们，小花奖励。

生：小花、小花送给你。（生双手做小花样子）

生6：谢谢大家！

师：你是怎么记住这么多成语的？

生：我从学前班就看书，还买了一本成语书，背了很多页。

师：想不想都背下来？

生：想。

师：我听到你刚才背的成语里面有不少历史典故，你理解吗？

生：理解。

师：给大家说一个，好吗？

生：好，就说第一个“白头到老”吧。意思是说两个人从年轻时结婚一直到头发白了，还一直在一起，永远不分开。

师：对，指夫妻从结婚到白发苍苍，一直生活在一起，不分开。

生：举手……

师：同学们，我知道你们还有好多好多词语想接龙，但很遗憾的是时间到了，我们平时有的是时间接龙。现在下课好吧？

师：下课。

生：老师再见！

师：同学们再见！

评析：

这节课共分四部分进行：

一是两排进行“词语接龙”，营造接龙氛围。接龙词语：24个。

二是“龙”字与课文生字“石”的“一字开花”。接龙词语：37个。

三是学生熟悉的数字“一”到“万”的数字开头的成语开花。接龙成语：83个（减掉重复的、错误的）。

四是“四字词语擂台赛”。共接龙开花词语：137个。

所用时间：40分钟。

共接龙词语：281个（大部分为成语）。

学生表现：积极，情绪高涨，表现欲望强烈。如：学生由积累词语到自己不自觉地创编词语。

学生吐字清晰，神情落落大方。

教师在本节课中的主导作用：

1. 在教学设计中，从易到难。先展示学生的“词语开花”作业，激起学生的比赛欲望，再开展比较简单的两排词语接龙，让学生进入接龙状态，然后结合课文进行“生字开花”游戏，从开花中再结果子，让学生理解开花一词的意思。并且从生字开花中，涌现出很多成语，由教师自然地引入“数字成语开花接龙”，学生情绪高涨。在成语开花中，学生积极参与，意犹未尽，于是教师设计进行“四字词语擂台赛”的游戏。整节课由浅入深，循序渐进，一气呵成。

2. 激励措施随时跟上。如开始时，告诉学生你们的作业已经带到全省作文教学会议上展示，让学生充满成就感。再如，两排词语接龙。老师一句话：哪一排举手最积极，就让哪一排接，调动了全班同学的积极性。又如，同学们小花奖励。

3. 教师在接龙中要见机参与、引导，成为接龙的一员。

如：当学生说出一个成语的上句时，老师马上接出下句。

百花齐放——（师）百家争鸣。

八仙过海——（师）各显神通。

十年树木——（师）百年树人。

……

4. 教师要及时纠正学生的错误。如：“叶公好龙”中“好”的发音，“点石为金”中的“为”的发音，“驷马难追”中“驷”的写法，等等。

5. 教师在课堂中还要体现一种模糊法。学生自发生成了好多词语、成语，虽然不规范，但不要简单抹杀孩子的创造欲望。如：“百面”“七字开花”“三人游泳”“龙凤双子”等。之所以产生这么多的“新词”，就是因为学生的表现欲望达到了一定的程度。

教师运用了悬念法，如：“回去查查好吗？”“拿书来，让我看看好吗？”这样既照顾到学生的自尊心，又让学生注意要运用正确的语言。

6. 本节课教师始终贯彻让学生养成会“听”的习惯。如：你听会了几个？

一年级学生最近发展区对比实验

	新课标		添加“说话接龙”
识字量	会写	350 字	600 字左右
	会认	950 字	1500 ~ 3000 字
阅读能力	会用普通话正确、流利、有感情地朗读课文		不仅能有感情地朗读课文，而且还大量阅读背诵儿童诗歌、童话故事等，并自觉读书
表达能力	听别人讲话，并能交流		养成了认真倾听他人讲话，并能准确地与他人对话的习惯与能力，能完整地叙述一件事情
领略教师心理	每节课都在教师的组织下，进行活动		有很强的领略他人的能力，能意识到他人要表达的意图

第四章　古诗词学习中的积累、激活和应用

第一节　主题诗词教学浅谈

古诗词是中华优秀传统文化王冠上的一颗明珠，也是中华文化一座巨大的宝库。

一、读背古诗词，提高审美能力

探寻古诗词的学习，就是探寻祖国语言的学习。至于古诗词学习的重要性，我想无须赘言。在多年的教学实践中，我深深地感受到学习古诗词能提高学生的审美能力。千古美文读得多了，便能形成独特的审美能力，审美能力强了，眼中、心中的风景便不一样了，个人的文化根基也在不知不觉中得以筑牢。

二、主题读背，不要“盲背”

作为语文教师，我要带着学生徜徉在古诗词之中，并且尽一己之力努力传承。这是我能做到的！

我最早带领学生读背的是《唐诗宋词三百首》，没有思考，一首首读背，偶尔检查。读完了，就放下了，后来感觉这是一种“盲背”，效果并不好。

随着接龙教学法的深入研发，思考越来越深入，我对于如何读背经典有了一个新的思考：为什么我和学生读背了不少古诗词，但是在习作中却难

以见到影子？老祖宗的文化除了让我们读背外，还有其他的意义吗？那自然就是应用。可纵观周围的老师们，从自己上学起到现在写文章，也应用不多，难怪行而不远了。这一现状，或许很多人并没有注意到，一直以为读背学习经典就是为了考试。我要把古诗词的学习和其他经典的读背一样，进行高效学习，以能学以致用。

想到《论语》的分类读背，让我和学生受益匪浅。于是，再接一届新学生时，我把古诗词的学习重新定位，与接龙教学法相结合，不再盲背，采用“主题接龙”的方式开展学习。

于是，2014年到2015年，我开始了对古诗词学习的挖掘和分类工作。

三、归纳整理四季古诗词

小学阶段，应该选择哪些主题古诗词进行背诵？我认为应从写景诗词开始。因为，唯有写景的诗词简单明了，当然这种简单明了是相对“感怀”诗而言，是从诗的内容上界定的，不去考虑其思想表达。如秦观的《行香子》一词：“树绕村庄，水满陂塘。倚东风，豪兴徜徉。小园几许，收尽春光。有桃花红，李花白，菜花黄。　　远远围墙，隐隐茅堂。飏青旗，流水桥旁。偶然乘兴，步过东冈。正莺儿啼，燕儿舞，蝶儿忙。”学生读完了，内容也就明白了。词中景物，动静结合，组成了一个春光烂漫的小院。

再如贺知章的《咏柳》：“碧玉妆成一树高，万条垂下绿丝绦。不知细叶谁裁出，二月春风似剪刀。”虽然不是白描，写法上采用了比喻等修辞，但是读完，一棵茂盛的、生机盎然的柳树形象就立在大家脑海中。所以，我就从描写景物的古诗词开始整理，“春”“夏”“秋”“冬”诗词整理完后，开始读背。为了应景，按照季节来读背，春天来了，就背春天的古诗词。

四、归纳主题事物类诗词

（一）“月”之诗词

在自然天地间，月亮的传说充满了神奇。它照进千家万户，映照在人们的心里，于是在中国传统文化中，“月亮”这一意象常常成为人类思想情感的载体，且意蕴十分丰富。月亮还是那个月亮，古人看到的月亮和今人看到的月亮有什么不同呢？正如“今人不见古时月，今月曾经照古人”，史上任何一个时间点上的明月都是一样，因看月的人不同，所以月亮寄寓了不同的情感。诗人将月融于内心的思想情感之中，并使月与内心的思想情感互为辉映，创造了许多优美的审美意境。由于作者心境不同，月亮这一意象表现出的意蕴也往往不尽相同——纯洁、美好、永恒、凄凉、悲惨等，蔚为大观。

古代很多诗人常年旅居在外，四海为家。或许为了那纯粹的追求，可到了夜晚，总是会想家的，于是借月抒情，情动辞发，便有了千古写月的佳句——《静夜思》：“床前明月光，疑是地上霜。”

唐代岑参的《凉州馆中与诸判官夜集》开篇“弯弯月出挂城头，城头月出照凉州”，描写月光下的凉州城，歌舞繁华、和平安定，同时带着浓郁的边地情调。

“海上生明月，天涯共此时。”这耳熟能详的经典诗句，通过对月亮的描写，写出了作者对家人的思念之情，已成千古绝唱。

还有李白“举杯邀明月，对影成三人”的孤寂忧愁，杜甫“满目飞明镜，归心折大刀”的羁旅愁思，李商隐“青女素娥俱耐冷，月中霜里斗婵娟”的清幽空灵、冷艳绝俗之意境。

古人写月诗词数量惊人，我辈为之叹服。如今我们能做的，就是将一直激荡在诗词海洋中的“月”的古诗词，借助小学阶段的读背黄金期，继续传承下来。

（二）“花”之诗词

经典文化中有关“花”的诗词数量仅次于“月”之诗词，从《诗经》的“桃之夭夭，灼灼其华”到清代郑板桥的咏梅诗。生长于人们生活中的花，便流淌在诗人的笔尖下，梅花、桃花、梨花、杏花、菊花、昙花——无一不是诗人寄托情思之物。下面用几首著名的“梅花”诗词来略做分析。

1. 寄托对故人思念的代表作，如陆凯的“折梅逢驿使，寄与陇头人。江南无所有，聊赠一枝春”，李商隐的“定定住天涯，依依向物华。寒梅最堪恨，常作去年花”。

唐代咏梅诗中，兴寄特色最为突出的代表作，当推王维的《杂诗》：“君自故乡来，应知故乡事。来日绮窗前，寒梅著花未。”

2. 以梅之特性表达自己志向的作品，如林逋的“疏影横斜水清浅，暗香浮动月黄昏”，王安石的“墙角数枝梅，凌寒独自开。遥知不是雪，为有暗香来”，陆游的“驿外断桥边，寂寞开无主。已是黄昏独自愁，更著风和雨。　　无意苦争春，一任群芳妒。零落成泥碾作尘，只有香如故”……

在慢慢读中，作者借明月、梅花等寄寓的情感也慢慢流入读者心中，我们在小学阶段或理解，或背诵，把古人的宝贵精神财富储存好。

五、主题积累有利于生活迁移和应用

在学习古诗词时进行主题学习，以便于对知识的巩固和应用。

比如“春”之诗词的学习，要和春天的大自然相对应，从而把古诗迁移到现实情境中。如贺知章的《咏柳》“碧玉妆成一树高，万条垂下绿丝绦”，完全和学生眼中看到的垂柳一样。所以学生一旦看到河岸边的垂柳便想到这句诗，这便是知识能力的转化和应用。久而久之，便养成了古诗词和现代生活相联系的高阶思维，触景生诗情，古文今活用。

第二节　主题古诗词学习三步法

主题古诗词材料准备好了，如何高效学习并能学以致用呢？

这里为什么要提到高效？因为小学是非常忙的一个学段，每位老师尤其是班主任几乎全天坐不住，而语文教师做班主任的又占大多数，每天被各类事情安排得满满的，如果再拿出时间额外做教研探索，那必须得有一定的方法，且此方法须简单、方便，实操性强。

主题古诗词从学习到应用，有三步，即“一读、二圈、三配景”。

一是读，就是先读熟古诗词，了解古诗词的大意。这里的“一读”，并非读一遍，而是读熟的意思。

二是圈，就是用笔把古诗词所描述的景物或者重点词句勾画圈出来。圈出来，在视觉上有冲击感，做标注便于后面的应用。

三是配景，根据所圈画的重点事物和眼前看到的景物、事物进行匹配。这里的“匹配”，需要有思辨能力，并非只要古诗景物和现实景物相一致就可以直接引用。

例如“忽如一夜春风来，千树万树梨花开”，“二圈”的事物是“春风”“梨花”，但实际此句是写雪景的。所以，在面对一片梨花林的时候，切不可引用这句古诗。

在主题古诗词学习中，古诗里出现同类景物的很多，在实际应用时还要结合诗人的思想感情来分析思考。

例如杜甫的《江畔独步寻花》“黄四娘家花满蹊，千朵万朵压枝低。留连戏蝶时时舞，自在娇莺恰恰啼”，表达了诗人对和平宁静生活的热爱以及喜悦心情。

再来看宋代晏殊的《浣溪沙·一曲新词酒一杯》“一曲新词酒一杯，去年天气旧亭台。夕阳西下几时回？　无可奈何花落去，似曾相识燕归来。小园香径独徘徊。”这里也有“花”，有“燕子”和“香径”，但这是表达对时光的流逝之感叹。所以，不能单纯地关注景物，还要分析古诗词的内在思想感情。

在主题读背古诗词中，不断采取这种古诗今用的三步法，培养学习、应用的思维能力。

第三节　主题古诗词10～15首教学案例

案例背景：

了解接龙教学法，并尝试实践该教学法。在积累方面，以主题积累为教学策略，高效学习，并学以致用。

教学内容：

1.《江雪》　（唐）柳宗元

2.《白雪歌送武判官归京》选段　（唐）岑参

3.《逢雪宿芙蓉山主人》　（唐）刘长卿

4.《青松》　陈毅

5.《沁园春·雪》　毛泽东

6.《春晓》　（唐）孟浩然

7.《春日》　（宋）朱熹

8.《绝句》（一）　（唐）杜甫

9.《绝句》（二）　（唐）杜甫

10.《惠崇春江晚景》　（宋）苏轼

11.《村居》　（清）高鼎

12.《早春呈水部张十八员外》　（唐）韩愈

13.《乡村四月》　（宋）翁卷

14.《咏柳》　（唐）贺知章

15.《行香子·树绕村庄》　（宋）秦观

教学目标：

1. 学习四季诗词。

2. 高效学习诗词的景物描述。

3. 通过观察图，能够用上古诗词。

4. 培养学生古为今用的思维能力。

课前准备：

15首古诗词已经读背。如果有没背熟的，可以只选取其中的“春”之诗词上课。

教学策略：

一读、二圈、三配景。

教学过程：

一、快速记忆小游戏，读成语，记成语

同学们，现在正是冬天，读几个关于冬天的成语。

1. 出示成语：

冰天雪地　　滴水成冰　　雪兆丰年　　寒冬腊月

白雪皑皑　　鹅毛大雪　　天寒地冻　　傲雪凌霜

2. 刚才的成语，你记住了几个？生说。

3. 出成语：

欣欣向荣　　春色满园　　万紫千红　　春暖花开

春山如笑　　莺歌燕舞　　春回大地　　草长莺飞

红情绿意　　生机勃勃　　杏雨梨云　　春意盎然

百花争艳　　桃李争妍　　鸟语花香　　春意阑珊

4. 生读一遍，说记住的成语。

二、学习冬天的诗词

（一）漫天飞雪的冬天，我们有成语来描述，历史上还有许多诗人写出了有关冬天的脍炙人口的诗词，你记住了哪些

回想脑海中关于冬天的诗词。生读背。

江　雪

（唐）柳宗元

千山鸟飞绝，万径人踪灭。

孤舟蓑笠翁，独钓寒江雪。

《白雪歌送武判官归京》节选

（唐）岑参

北风卷地白草折，胡天八月即飞雪。

忽如一夜春风来，千树万树梨花开。

逢雪宿芙蓉山主人

（唐）刘长卿

日暮苍山远，天寒白屋贫。
柴门闻犬吠，风雪夜归人。

青　松

陈毅

大雪压青松，青松挺且直。
要知松高洁，待到雪化时。

沁园春·雪

毛泽东

北国风光，千里冰封，万里雪飘。望长城内外，惟余莽莽；大河上下，顿失滔滔。山舞银蛇，原驰蜡象，欲与天公试比高。须晴日，看红装素裹，分外妖娆。　　江山如此多娇，引无数英雄竞折腰。惜秦皇汉武，略输文采；唐宗宋祖，稍逊风骚。一代天骄，成吉思汗，只识弯弓射大雕。俱往矣，数风流人物，还看今朝。

（二）学习春天的古诗词

冬天来了，春天还会远吗？我们一起读读春天的古诗词，迎接春天的早日到来。

教学内容中的10～15首古诗词。

1. 默读。

2. 齐读。

（三）用笔圈出诗词中有关描写冬天和春天的景物

1. 这15首诗词都是依景物而描绘季节的，小声再读一遍，圈出描绘的景物。小组交流或者自己勾画。

江　雪

（唐）柳宗元

千山鸟飞绝，万径人踪灭。
孤舟蓑笠翁，独钓寒江雪。

《白雪歌送武判官归京》节选

（唐）岑参

北风卷地白草折，胡天八月即飞雪。
忽如一夜春风来，千树万树梨花开。

逢雪宿芙蓉山主人

（唐）刘长卿

日暮苍山远，天寒白屋贫。
柴门闻犬吠，风雪夜归人。

青　松

陈毅

大雪压青松，青松挺且直。
要知松高洁，待到雪化时。

沁园春·雪

毛泽东

北国风光，千里冰封，万里雪飘。望长城内外，惟余莽莽；大河上下，顿失滔滔。山舞银蛇，原驰蜡象，欲与天公试比高。须晴日，看红装素裹，分外妖娆。　江山如此多娇，引无数英雄竞折腰。惜秦皇汉武，略输文采；唐宗宋祖，稍逊风骚。一代天骄，成吉思汗，只识弯弓射大雕。俱往矣，数风流人物，还看今朝。

春　晓

（唐）孟浩然

春眠不觉晓，处处闻啼鸟。
夜来风雨声，花落知多少。

春　日

（宋）朱熹

胜日寻芳泗水滨，无边光景一时新。
等闲识得东风面，万紫千红总是春。

绝句（一）

（唐）杜甫

迟日江山丽，春风花草香。
泥融飞燕子，沙暖睡鸳鸯。

绝句（二）

（唐）杜甫

两个黄鹂鸣翠柳，一行白鹭上青天。
窗含西岭千秋雪，门泊东吴万里船。

惠崇春江晚景

（宋）苏轼

竹外桃花三两枝，春江水暖鸭先知。
蒌蒿满地芦芽短，正是河豚欲上时。

村　居

（清）高鼎

草长莺飞二月天，拂堤杨柳醉春烟。
儿童散学归来早，忙趁东风放纸鸢。

早春呈水部张十八员外

（唐）韩愈

天街小雨润如酥，草色遥看近却无。
最是一年春好处，绝胜烟柳满皇都。

乡村四月

（宋）翁卷

绿遍山原白满川，子规声里雨如烟。
乡村四月闲人少，才了蚕桑又插田。

咏　柳

（唐）贺知章

碧玉妆成一树高，万条垂下绿丝绦。
不知细叶谁裁出，二月春风似剪刀。

行香子·树绕村庄

（宋）秦观

树绕村庄，水满陂塘。倚东风，豪兴徜徉。小园几许，收尽春光。有桃花红，李花白，菜花黄。　　远远围墙，隐隐茅堂。飏青旗，流水桥旁。偶然乘兴，步过东冈。正莺儿啼，燕儿舞，蝶儿忙。

（四）齐读15首诗词

三、依图配诗词

（一）出示图，想古诗

1.

锄禾日当午，汗滴禾下土。

2.

日照香炉生紫烟，遥看瀑布挂前川。

3.

春色满园关不住，一枝红杏出墙来。

4.

慈母手中线，游子身上衣。
临行密密缝，意恐迟迟归。

5.

春眠不觉晓，处处闻啼鸟。

6.

泥融飞燕子，沙暖睡鸳鸯。

7.

竹外桃花三两枝，春江水暖鸭先知。

8.

两个黄鹂鸣翠柳，一行白鹭上青天。

（二）生活实景配诗词

大家请看图片，仔细观察，哪句诗词能配上？

1.

等闲识得东风面，万紫千红总是春。

2.

夜来风雨声，花落知多少。

四、作业：探寻周边风景，拍照配诗

案例分析

基于接龙教学法的教学策略和理念，将四季诗词作为主题接龙学习的内容资源，让沉淀的传统文化诗词知识变为活生生的教学内容和学习任务，让小学生真切感受四季诗词和现实景色之异同。这种主题学习，以简单有效的方法，提升学科教学和经典文化的互动性，达成教学目标。

第四节　实景配诗词、创编诗词研讨课堂教学实录

教学目标：

通过实景和古诗词联系，达到“接龙教学法”第三步“应用”之目标。

教学策略：

利用虚拟场景图和真实的生活场景图，进行研讨应用，发散学生思

维，多维度学以致用。

教学过程：

师：同学们，我们学了那么多的古诗词，应该会用才好，让我们眼中、心中充满诗的美妙。丁老师找了一些图片，请认真看一下，从我们积累的古诗中找到能匹配的，有答案的请举手。

出示第一组：

生：三更灯火五更鸡，正是男儿读书时。

师：好！还有不同的吗？再看一下这幅图，一个窗户下，这人拿着剪刀在干什么呀？

生：我说第一幅：何当共剪西窗烛，却话巴山夜雨时。

师：好！你还有？

生：我改一下第二幅图：双飞燕子几时回，两只鸳鸯卧花旁。

师：原诗谁能说出来呢？第一幅图说了两句，还是比较适合这个图意的，尤其是这个同学说的《夜雨寄北》那两句，更加适合图意。

师：第二幅图，李甜甜你说你改了改，你是根据什么来改的呢？

生：根据“双飞燕子几时回，夹岸桃花蘸水开”。

师：“夹岸桃花蘸水开”，图中有燕子，有没有桃花呢？没有，你只说了燕子是不是啊？但是呢，也算可以，就“燕子”而言。来看看这幅图，还有一对鸳鸯。

生：我用一个杜甫的《绝句》“泥融飞燕子，沙暖睡鸳鸯”，因为没有桃花，只有燕子和鸳鸯。

师：燕子和鸳鸯！同学们看一看，他们两个谁的答案最符合这幅图的图意？

生：是杜甫的《绝句》“泥融飞燕子，沙暖睡鸳鸯”。

师：好！再看下一幅图，根据情景想诗，谁能想起来？

出示第二组：

生：沾衣欲湿杏花雨，吹面不寒杨柳风。

师：说出来了“杨柳”，大家再看看，还有不同的意见吗？

生：杨柳青青江水平，闻郎江上唱歌声。

出示第三组：

生：老师，这幅图很适合“桃花一簇开无主，可爱深红爱浅红”。

师：“可爱深红爱浅红”也可以，鼓励鼓励你。

生：人间四月芳菲尽，山寺桃花始盛开。

生：海棠不惜胭脂色，独立蒙蒙细雨中。

师：同学们的思维也争奇斗艳，此刻的花更美了。再看这幅，咱们济南大明湖的荷花，你们想起什么来了？

出示第四组图：

生：四面荷花三面柳，一城山色半城湖。

师：这个简单，还有什么？

生：接天莲叶无穷碧，映日荷花别样红。

生：出淤泥而不染，濯清涟而不妖，中通外直，不蔓不枝，香远益清，亭亭净植，可远观而不可亵玩焉！

师：下一幅图，是一个小院里面的。想一想，给大家一个机会——

出示第五组图：

门前小院：大葱、芍药和柿子树

生：小园几许，收尽春光。有月季红，牡丹粉，柿子黄，大葱绿。

师：她这是仿写的哪一句？

生：小园几许，收尽春光。有桃花红，李花白，菜花黄。

师：仿成什么，谁还记得她刚才说的？

生：她仿写成了：小园几许，收尽春光。有月季红，牡丹粉，柿子黄，大葱绿。

师：大葱绿。你在仿写的过程当中，我总感觉有一点别扭，谁还可以改一改？

生：小园几许，收尽春光。有芍药花儿红，牡丹花儿艳，大葱花儿绿，柿子花儿黄。

师：很好，很棒！把这个“柿子花儿黄”放到最后，“柿子花儿黄”和“小园几许，收尽春光”正好押韵！你还有啊？

生：“柿”花如米小，也学牡丹开。

师：“柿”花如米小，也学牡丹开。柿子花确实不大。同学们，我忽然看到了比柿子花还小的一个花。

生：葱花！

师：这个葱花，之前我还真没有发现，葱花开的时候确实如米小，也学什么开？

生：也学芍药开！

师：说得非常棒！来看看，这是我们济南的南部山区，也是真实的照片。谁说一下？

出示第六组图：

济南南部山区

生：水光潋滟晴方好，山色空蒙雨亦奇。

生：山重水复疑无路，柳暗花明又一村。

生：我配第一幅图："一水护田将绿绕，两山排闼送青来"。

生：我配第二幅图：忽逢桃花林，夹岸数百步，中无杂树，芳草鲜美，落英缤纷，游人甚喜之。

师："游人甚喜之"，模仿陶渊明的《桃花源记》是不是啊？

生：丁老师，我用一句毛泽东的诗词，来说第一幅图："赤橙黄绿青蓝紫，谁持彩练当空舞？"

师：虽然没有彩虹，但是颜色还是足够多的，是不是啊？好，也可以，鼓励你！来，咱们看一下，这是我昨天刚拍的，你们看这里有花骨朵，有半开的，有全开的，你们要说什么呢？

出示第七组：

生：月季没有"国色朝酣酒，天香夜染衣"的牡丹那样艳丽；没有"出淤泥而不染，濯清涟而不妖"的荷花那样清高；没有"梅花香自苦寒来"的梅花那样傲霜斗雪，她却开得那样与世无争，清丽优雅。

（全场掌声）

师：你把前面的牡丹、荷花、梅花做了个对比，说得很好，是不是？还有没有要谈的？

生：月季花开的时候，它从将圆到半圆到满圆，如果你肯仔细去看的话，你就能听懂它所说的每一句话。

师：有点熟悉，是哪里的？

生：那篇小散文中，山茶花的一句话……

师：对！同学们，我们随时随地都用上了。

这使我忽然想起，刚才丁老师展现了咱们济南那么多的花，大家有什么感慨？想一想课文《夜莺的歌声》，在战争年代，有没有这样美好的东西、美好的景色？没有！只有在什么情况下，我们才可以？

生：和平年代！

师：对！和平年代，我们才能像花儿一样。

生：只有在如此和平幸福的年代，才会有湛蓝的天空、轻飘飘的白云和开得如此娇艳的花朵，这样我们才会幸福！

第五章　主题接龙与小古文群文式学习

第一节　小学阶段小古文学习特点及策略

接龙教学法作为一种教学和学习方法，在课堂上得到广泛使用，尤其是在进行优秀传统文化的学习时，通过成语接龙、古诗接龙、故事接龙、主题接龙、词语开花等，其激活之效果，可谓四两拨千斤，有效撬动了优秀传统文化的学习。那么在小古文学习中，接龙教学法是如何应用的呢？

一、“两文”解读

文言文是中国古代的一种书面语言，主要是指以先秦时期的口语为基础而形成的书面语。第一个“文”，是书面文章的意思；“言”，是写、表述、记载等意思；最后一个“文”，是作品、文章的意思，表示的是文种。“文言”，即书面语言，“文言”是相对于“口头语言”而言的，“口头语言”也叫“白话”。“文言文”的意思就是指“用书面语言写成的文章”，而“白话文”的意思就是“用常用的直白的口头语言写成的文章”，所以文言文是相对于“白话文”而言的。

文言文表述精练，有“一字千金”的美誉。五四新文化运动后，文言文逐渐被白话文所代替。曾经有一段时期，文言文几乎淡出了我们的文化，中小学课本上选录的也较少。如今，随着国家对中华优秀传统文化继承与发扬的重视，中小学语文教材中文言文所占比例大幅增加，社会各界对文言文的学习也愈来愈重视。

二、文白对读，感受文言魅力

为了让学生真正实现“爱上小古文”的目标，在古文的选材上，我做了大量研究，发现紧扣教材文本选材，对比学习是最好的轻松入门的通道。

文言文和白话文一起比较对读，文言文的魅力立现。以古文的形式展现学生熟悉的文章或成语，降低了学生的阅读难度，激发了学生的阅读兴趣，例如原人教版语文二年级上册教材有一篇白话文《司马光砸缸》，全文149个字，讲述了司马光砸缸救小伙伴的故事。而在部编版语文教材三年级上册第一篇出现的小古文中，文言文的《司马光》仅仅用了30个字就把事情的起因经过结果写清楚了。同样还有统编版语文教材二年级上册的白话版《曹冲称象》课文共267个字，而对应的古文只有71个字，并且还有对曹冲的简介。

三、古文三读，读出古文魅力

我一向推崇古文“三读”，这里的“三读”不是读三遍，而是读古文的三个层次。

（一）一读，听音频正音

因为古文多音字多，通假字多，所以很多字的读音并非我们所想象的那样，最好是通过规范音频进行正音。

（二）二读，读通句子和意思

在正音的基础上，我们进行下一步读，要求读通，即语句通顺，意思基本明白。

1. 看注释理解句子。方法如下：“左右手指对对碰”，用左手食指指读，遇到注解时，右手食指顺应标注数字读注释，然后再回到该句话，自行初步理解意思。

2. 组词法。这个方法可以结合插图，想象画面确定。如《司马光》一文中“群儿戏于庭”之“戏”，可以组词“游戏”。

3. 联系上下文理解。有些字词需要联系上下文综合理解，如《王戎不取道旁李》中“人问之”。“之”是指“王戎”还是代指“王戎为何不去摘李子”？对此，通过上文“看道边李树多子折枝。诸儿竞走取之，唯戎不动”，可以判断“人问之”的“之”是指“王戎为何不去摘李子”。

4.“男女生古今接龙读”。具体做法是：在上述自行理解意思的基础上，男生读一句古文，女生读一句译文，女生读一句古文，男生再读译文。

如：男生：水陆草木之花。

女生：水中、地上各种草本、木本的花。

女生：可爱者甚蕃。

男生：值得喜爱的很多。

哪些古文最适合男女生古今接龙读？答案是教材之外的小古文。因为教材中的古文是用来精讲的，没有译文。我们扩展的小古文，每篇后面带有译文，可以进行接龙古今对读，同时也省去了教师讲解大意这个环节。

（三）三读，读出味道

这里的“味道”指“滋味”“韵味”。拍读法是接龙教学法中很重要的一个学习方法，如成语接龙拍五法、古诗拍读法等，它们使课堂充满律动性和灵动性。

1. 读出节奏、停顿。古文的节奏需要在句子读通、意思基本明了的情况下达到。原始古文本是没有标点符号的，但古文朗读是有节奏的，甚或是可以吟诵的。小学阶段，需要教师进行示范读，学生根据老师所读或者课件提示而读。这里，每一节奏可以用手击拍一次，没有严格的节奏要求。

2. 读出古文滋味，由“静”到“动”。古文自有的魅力会让读者浸润其中，尤其是很多古文内含着给人启迪的智慧。例如寓言类的古文《掩耳盗钟》《郑人买履》《南辕北辙》，在笑谈中发人深省，增长智慧。在理解它的道理后再读，古文的魅力自然流露而出。

（1）“节拍乐读法”。依据学生和接龙教学的动态特性，进行节拍读，这里需要一定的专业技能，最好的办法还是通过听音频常读而悟出。其中一种是左手扶书，右手击拍，每一排学生动作一致，如成语接龙拍读一般。

（2）表演读。依据文言文的内容和篇幅长短，自行创作动作，用肢体语言展现对古文的理解。可以个体朗读表演，也可以集体表演读。

读古文的这三个层次，只需按着上面的步骤进行，学生的领悟力很强，读出文中滋味也是容易做到的。

四、探究故事，感悟智慧

小学阶段，教材中收录的古文，大都属于故事类，如《司马光》《王戎不取道旁李》，寓言故事《守株待兔》《自相矛盾》，神话故事《精卫填海》等，这些故事文章内容虽简短，但是透过简单的故事，都能使同学们从中受到教育，增长智慧。如《王戎不取道旁李》中，群儿“看道边李树多子折枝”后，出现的却是两种截然不同的现象，一是“诸儿竞走取之”，一是“唯戎不动”。为什么同龄孩子会有此不同？通过阅读，学习领悟王戎的智慧，从而能够观察思考做出准确的判断。同理，在现实生活中，我们周围是不是依旧有着“看道边李树多子折枝”而引起的“诸儿竞走取之”的现象？《守株待兔》中不劳而获的心理，是否依旧在今天上演？

五、主题学习，归纳明理

学习小古文，我的建议是按“主题接龙”的形式，把同类主题的古文进行归纳学习。

按照古文的内容，一般可以分为六类：“童智”类，如《曹冲称象》《杨氏之子》《司马光》等；“神话”类，如《后羿射日》《盘古开天地》《精卫填海》《夸父逐日》等；“寓言”类，如《坐井观天》《刻舟求剑》《狐假虎威》《画蛇添足》等；“励志”类，如《铁杵成针》《纪昌学射》《囊萤夜读》等；“历史”类，如《晏子使楚》《惊弓之鸟》等；“游记”类，如《小石潭记》《醉翁亭记》等。可以将这些篇目类型集中起来读，然后在每一类后面进行“归纳·明理”，这样在比较中，对古文的理解和感悟会更加透彻。

如“寓言”类，可以用表格的方式进行“对号入座”。

篇目 主旨 明理	徒劳无功，白费力气	做不必要的担忧	心病要用心药医	方向的重要性	言行不一，相互抵触	以次充好	生搬硬套，机械模仿
南辕北辙				√			
自相矛盾					√		
画蛇添足	√						
杞人忧天		√					
邯郸学步							√
滥竽充数						√	
杯弓蛇影			√				

六、拓展学习，大量积累

接龙教学法的六字真言是“积累、激活、应用”。小学阶段是进行传统文化学习的宝贵时期，我们应充分利用少儿机械记忆黄金期，大量诵读经典。就古文学习来说，除了背诵经典的小古文外，最好把中学的必背古文背诵一部分，最少20篇。这样到了中学，自然可以“减负”，不至于让古文学习成为负担。

七、激活古文，妙笔生花

（一）之乎者也乐开花

“之乎者也”是文言文语言的特点，已成为成语。进行“之乎者也”开花，也是接龙教学法古文激活的一大亮点，即学生从文言文中找出含有“之乎者也”的句子，只要句子中有其中的一个字即可接龙。

我班学生3分钟可以开花30朵（句）。因为不能重复，所以，每个学生须认真倾听。还可以进行“种韭菜”的游戏，即一排学生站起，“开花”后坐下，看哪一排“韭菜”种完后，所用时间最短。

游戏元素的运用，能更加激发学生读背古文的热情，符合学生年龄特点和心理特征。

（二）妙笔生花写一写

在积累读背的同时，可以鼓励学生用古文的形式写一写，学生大都因为新鲜、有趣而动笔去仿写，体裁的变化，不仅能刺激学生内心的成功欲，还有利于应用。

第二节　小古文学习之详案

——《王戎不取道旁李》

教材分析：

这篇小古文是部编版语文教材四年级上册的课文，在完成该单元语文教学任务的同时，使用接龙教学法辅助完成教学目标。

教学目标：

1. 读熟课文，理解意思。

2. 掌握古文三读。

3. 感受古文特点。

教学过程：

一、初步了解课文内容

（一）解题

1. 题目《王戎不取道旁李》，理解“戎”“取”的意思，通过理解题目，初步了解课文内容。

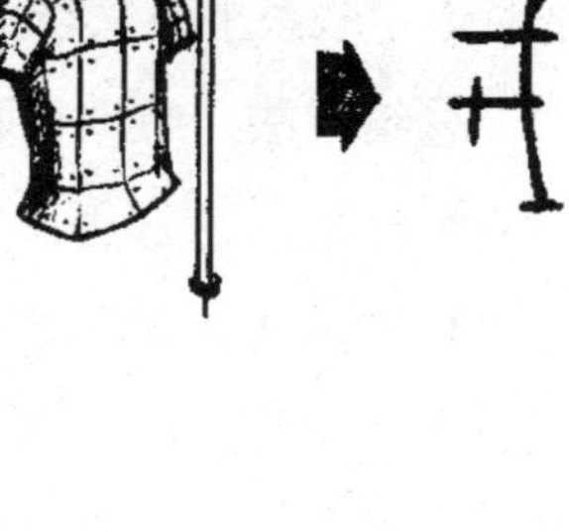

师：看图理解“戎”字，图左边是“铠甲”和“戈”，右边是甲骨文的“戎”字，因此“戎”字下面的“ナ”，指铠甲，并非“十”字。通过甲骨文的字形可以看出“戎”的本意是：“身穿铠甲，手执长戈，准备去战

场杀敌。”后来，“戎”又演化出兵器、军队等义项。

取						
	字形演变	甲骨文	金文（1）	金文（2）	小篆	隶书

	字义发展	由“耳”和“又”（简化的“手”）组成，表示用手割取耳朵（古人捕获野兽或抓获战俘后以耳记功）。本义是割取左耳，引申为用手拿，捕取。				

“取”：由“耳”和“又”组成，“又”从手，甲骨文表示用手割取耳朵，古人捕获野兽或者抓获战俘后以耳记功。本义是割取左耳，引申为用手拿，捕取。

齐读课题，理解课题的意思：王戎不摘取道路边的李子。通过题目了解本文大意，齐读课文一遍，初步了解大意。

二、读熟和理解课文内容

（一）教学策略：运用古文三读法

1. 一读：读准字音，自由大声读，要求读准。方法：看好注音。

（备注：可以多读几遍）

2. 二读：读通意思，要求：小声读文，读通读懂。

方法：（1）看注释，左右手指对对碰。

一手指原文，一手指注释。发现原文注释标记，立马看注释意思。

（2）回顾理解词语的方法。

没有注释的词，怎么办？师生讨论解决办法。

师：“王戎七岁，尝与诸小儿游。”“游”组词是——“游戏”“游玩”等，这提示我们可以用组词的办法来理解内容。板书“组词”。以往的课文中不理解的词语，我们还可以通过一种什么常用的方法来解决？引导学生谈出“联系上下文理解”。绘本中，我们还可以运用插图理解。

总结方法：组词、联系上下文、借助插图、想象画面。

3. 根据上述方法，生自读、自学课文。

4. 齐读或指定学生读原文，试着理解课文内容。

（二）重点词句理解

方法：理解文言文的表达特点。

1. 文言文表达特点之一：“之乎者也。”

（1）师：找出文中出现最多的一个字，用笔加着重号。

“之”字。

生：诸儿竞走取之。

人问之。

取之，信然。

师：三个“之”字，分别是什么意思呢？

生谈。诸儿竞走取“之”——代指“李子”。

取“之”，信然——代指“李子”。

人问“之”——生大都说是代指“王戎”。

（2）重点理解：人问之。结合上述理解内容的方法，理解“之”。

演示情景：

“人”指道路旁的人们，问王戎什么话？让学生扮演大路旁的大人们，另一生扮演王戎。

生：你为什么不和同伴一样过去摘李子呢？

师质疑：人们问的是人还是王戎不去摘李子这件事？

生思考：不去摘李子这件事。

师：那么“人问之”的“之”，代指什么？

生：王戎不去摘李子这件事。

（3）总结：这三个“之”代指前面的事物。

（4）复习拓展“之”的用法。

“炎帝之少女”，“之”——“的”。

“黄鹤楼送孟浩然之广陵”，“之”——“到……去”。

2. 文言文表达特点之二：古今异义。

师：文中有一个字和今天的理解不同，请根据注释找出来。

诸儿竞走取之，走——“跑”。

质疑：今天的“走”，古代是指什么？

举例“三人行，必有我师焉”，理解古时的“行”是今天的“走”。

（三）重点词语理解后，深入理解课文内容

方法：男女生古今对对碰。

男生读一句原文，女生根据刚才的理解说译文。

（四）句读（dòu）读

在理解意思的基础上，我们读文言文时要有一定的句读，这里的句读不仅是文言文中的标志符号，还是文言文文辞休止、行气与停顿的特定呈现方式。

王戎不取道旁李

王戎 / 七岁，尝 / 与诸小儿 / 游。看 / 道边李树 / 多子折枝，诸儿 / 竞走取之，唯 / 戎不动。人问之，答曰：“树在道边 / 而多子，此 / 必 / 苦李。”取之，信然。

生反复朗读。

三、深入理解课文，领略王戎智慧

（一）看李树

故事源于道路旁边的一棵李子树，这是一棵什么样的李子树呢？生用原文回答“多子折枝”。

（二）看诸儿与王戎

1. 一群玩耍的小孩，又饥又渴，看到满是李子的树后有什么反应？“竞走取之”。

2. 王戎？“不动”。这里的回答要干净利索，不可多字，体现文言文的语言特点。

3. 质疑“不动”。

（1）王戎真的没有动吗？

生此刻深入思考王戎动的是什么？

王戎动眼观察，动脑思考。

（2）王戎眼中看到的是什么？

“树在道边而多子”。

理解“道”，古时的“道”，是指大路。路上行人很多，用成语说就是“车水马龙”。古时的小路指“径”。

王戎看到“树在道边而多子”后，通过认真观察，动脑思考，分析判断，得出的结论是——“此必苦李”。“必”字体现了王戎对自己判断的肯定。

4. 王戎是一个什么样的孩子？

智慧、冷静、会分析……

5. 这个故事被记载后，演变成了一个成语——道边苦李。生用笔记下成语。

四、讲故事，三读课文，品味情感

（一）出示评价要求

要求	评价
结合注释，完整讲述	★★★
发挥想象，生动讲述	★★★★
加上动作，表演讲述	★★★★★

（二）同桌或小组互讲

（三）指定一个小组到讲台表演故事

（四）三读

感悟文中滋味，方法形式多样。（可以把自己当成王戎，可以当成作者刘义庆，可以当成观赏者）或朗读，或吟读。

（五）读背填空

王戎（　　）岁，尝与诸（　　　　　）。看道边李树（　　　　），诸儿（　　　　　），唯（　　　　　）。人问之，答曰：“树在道边而多子，此必（　　　　）”取之，（　　　　）。

——《世说新语》

五、学古增智，古为今用

（一）学以致用

1. 古时的李子树和今天的李子树并没有太大的差别，变化的仅是地点和人物。

2. 师：有这样一件事，有人来到济南想买一套房子居住，考察了一个环境不错的楼盘，然后就决定在这里买房子。大家想，这是什么原因呢？

生观察动脑思考。

生：路边树开满了花，也结了不少果实，路上却没有被摘的花和果实，说明这里的管理好，人的素质也比较高。

师：由《王戎不取道旁李》，可见王戎的细心观察和独立思考能力。后来，王戎经过不懈努力，成为“竹林七贤”之一，以远见卓识闻名于世。今天的你能够仔细观察分析得出判断，也是一个很聪慧的学生。

（二）总结智慧儿童，回归单元导语

像王戎这样的智慧儿童的故事，历史上还有不少。谁能讲一讲？

生：司马光砸缸、曹冲称象。

师：这些故事都是和其他人进行对比，显出小主人公的聪慧。历史上这类名人很多，骆宾王7岁作诗，项橐7岁为孔子师，甘罗12岁拜宰相……

时间已经过去数千年，大浪淘沙，但是他们的名字依然闪烁在历史的长河中，这正如本单元的导语：“时光如川浪淘沙，青史留名多俊杰。”

案例分析

本课为学习小古文精讲案例代表，从课题入手，着重读的循序渐进，运用古文三读法，结合接龙教学法，了解古文大意。在领略王戎智慧中，采用思辨思维，透彻理解“不动”的内涵，因为其眼、脑先“动”，才有了其身“不动”。在词句理解中，抓住课文重点字“之”“走”，进行适当拓展，深入体会文言文语言特点。最后环节的看图思考，紧扣课文，学以致用。

第三节 小古文群文学习课例

——5篇古文学习

教学内容：

5篇古文，选自《爱上小古文》中的“童智篇”（《司马光》《王戎不取道旁李》《曹冲称象》《杨氏之子》《山鸡舞镜》）。

课例分析：

这5篇小古文的共性：一是写名人小时候的故事，二是从不同方面展现儿童的智慧。

教学目标：

1. 通过古今对比学习，品味古人智慧，学习先贤留下的智慧财富。

2. 培养学生思辨能力，对本组古文进行对比学习，比较其写法上的异同点，并进行归纳。

教学准备：

读熟“童智篇”。

教学过程：

一、导入古文，感受古文魅力

（一）师生对话，问题导入

同学们，大家喜欢历史吗？你是通过哪些渠道了解历史的？读的什么书？有没有读古文？为什么距离我们久远的古文，现在还要继续学习？丁老师带着大家走进古文，走进“之乎者也”，先从熟悉的小古文开始，领略古文的魅力。

（二）古今对比

1. 我们在小学阶段接触的第一篇古文是《司马光》，同学们请看，出示课文内容。

人教版语文教材《司马光砸缸》全文用149个字描述故事，而在《二十四史》之《宋史》中，仅有30个字。

出示课件：

群儿戏于庭，一儿登瓮，足跌没水中。众皆弃去，光持石击瓮破之，水迸，儿得活。

——《宋史》

2. 文不在长短，而在于其意境。我们先读一遍，不明白的地方看注释。

3. 分析这30个字都告诉了我们什么？

地点：庭。

人物：群儿。

起因：群儿戏于庭，一儿登瓮。

经过：足跌没水中。众皆弃去，光持石击瓮破之，水迸。

结果：儿得活。

4. 这篇文章用简简单单30个字，完整表述了司马光砸缸这件事情的起因、经过、高潮、结果。这就是古文的魅力——言简意赅、字字珠玑、意蕴无穷。我们再读一遍。

教学设计：通过学生耳熟能详的故事，进行古今对比读，感悟古文的魅力。

二、利用古文三读法，学习《曹冲称象》《山鸡舞镜》《王戎不取道旁李》《杨氏之子》

在我们教材中还有几篇文章，二年级上册的白话文《曹冲称象》，全文267个字。大家二年级已经学过，现在找出原文读一读。

学习任务单：

1. 通过《司马光》一文分析古文的魅力和特点，引导学生爱上古文。
2. 复习和应用“古文三读法”，快速学习其他四篇文言文。

曹冲称象

（曹冲）生五六岁，智意所及，有若成人之智。

时孙权曾致巨象，太祖欲知其斤重，访之群下，咸莫能出其理。

冲曰：“置象大船之上，而刻其水痕所至，称物以载之，则校可知矣。”太祖大悦，即施行焉。

——选自《三国志》

小学阶段，学习文言文要三读法。

幻灯片：三读方法。

1. 一读文言文，读准字音。（听音频，慢读）

生齐读。

2. 二读文言文，析词释意。

自己小声读一遍。左右手指对对碰，根据注释边读边理解意思。

质疑：文中哪句话写出了曹冲解决问题的办法？

生：置象大船之上，而刻其水痕所至，称物以载之。

3. 聪明的孩子办法多，曹冲还有一个让山鸡跳舞的故事。

出示《山鸡舞镜》原文：

山鸡爱其毛羽，映水则舞。魏武时，南方献之，帝欲其鸣舞而无由。公子苍舒令置大镜其前，鸡鉴形而舞，不知止。

这篇大家比较陌生。现在根据刚才我教给大家的读古文的方法，自己试着读一读，理解一下。齐读，我们试着说一下古文意思。这里，公子苍舒（即曹冲）解决问题的办法是?

生：公子苍舒令置大镜其前。

一是“置象大船之上”，一是“置大镜其前”。学习有关古人的文章可以前后联系、对比分析。如此美的古文，我们要认真地读，慢慢品味先人留给我们的精神财富。

4. 三读古文，读出意境。

成语接龙，我们喜欢用拍读法，古时有吟诵，我们可以传承，发扬光大。师范读《山鸡舞镜》。

齐读《曹冲称象》。你们喜欢哪一种？我们再读一遍。

出示课件，我们普通话读一遍。拍读一遍《王戎不取道旁李》《杨氏之子》。

拍读法。当我们读出古文意境的时候会有一种韵味自然流出（音断意连）。再读。

教学设计：通过《曹冲称象》，既承接了上文，又导出“古文三读”，循序渐进，多种读法选择读，在读中感悟古文之美。

三、感悟名人儿童智慧

1. 男女生古今对读5篇古文。

2. 总结名人少年的智慧和特点。

学习任务单：

篇目	人物	体现聪慧的语句	人物特点
司马光			
王戎不取道旁李			
曹冲称象			
山鸡舞镜			
杨氏之子			

第四节 小古文群文对比学习课例

教学内容：

10篇古文，《爱上小古文》中的“童智篇”（《司马光》《王戎不取道旁李》《曹冲称象》《杨氏之子》《两小儿辩日》《山鸡舞镜》），“寓言篇”（《南辕北辙》《刻舟求剑》《守株待兔》《掩耳盗钟》）对比学习。

课例分析：

本课例属于既是群文阅读学习又是对比式学习课例，10篇古文，分为两类，一类是“童智”，一类是“愚叟”。

10篇古文内容较多，在学习前，学生一是要有较好的文言语言思维，二是已经对本文故事较为熟悉，有了一定的预习基础。

教学目标：

1. 通过对比学习，品味古文智慧，感悟古圣贤人留下的智慧财富。

2. 通过大容量群文主题古文学习，感受高效学习古文的方法策略。

3. 通过群文对比学习，提升学生在众多古文中搜集、整合信息,审美体悟以及思辨的能力。

教学准备：

生已读“童智篇”“寓言篇”。

教学过程：

一、回顾古文学习方法

1. 三读法（左右手指对对碰、古今接龙读）。

2. 同主题群文对比思辨。

二、学习“童智篇”

用古文三读法，快速学习《曹冲称象》《山鸡舞镜》《王戎不取道旁李》《杨氏之子》《两小儿辩日》

1. 一读文言文，读准字音。（听音频，慢读）

2. 二读文言文，析词释意。

自己小声读一遍。左右手指对对碰，根据注释边读边理解意思。

3. 学习任务单一：检验学生对课文的理解程度。

出示句子，生说出原句或者释义。

（1）曹冲说：“把象安放在大船上，在水面所达到的地方做上记号，再让船装载其他东西，那么就知道结果了。”

____

（2）“这是你家的水果。”

____

（3）“我认为太阳刚出来的时候距离人近，而正午的时候距离人远。”

____

（4）儿应声答曰：“未闻孔雀是夫子家禽。”

____

（5）公子苍舒令置大镜其前，鸡鉴形而舞，不知止。

____

____

4. 学习任务单二：群文思辨。

这5篇古文中的儿童，你最喜欢谁？为什么？

生交流谈论。

5. 三读古文，读出意境：生自由读、表演读。

三、学习《南辕北辙》《刻舟求剑》《守株待兔》《掩耳盗钟》

1. 这几篇都是寓言故事，故事的情节比较简单，但寓意深刻。我们认真阅读原文，体会古文的魅力以及其中的道理。

出示课件和古文：《南辕北辙》《刻舟求剑》《守株待兔》《掩耳盗钟》。

2. 根据古文三读法自学。

3. 分组学习。

（1）每组学习两篇，学完后也可以去学习另外的两篇。

（2）质疑问题：有没有不理解的句子？

师说古文原句，生说意思。

（3）表演故事：依据情境，大家前后排四人一组，选择一两篇，读一读，演一演。

小组表演，报名上前表演《南辕北辙》。

4. 总结：如此有趣的历史故事，通过文字活灵活现地展现在我们面前。言之无文，行而不远，流传下来的自然是经典。历史的车轮滚滚向前，社会不断进步，这就是人们不断汲取前人经验的结果。

5. 学习任务单三：再读全文，感悟智慧。

学习文言文，从中汲取智慧。学了上面的文章，你从中受到什么启迪？

生谈：______________________________

____

四、群文对比，提升思维

学习任务单四：10篇小古文的阅读，从中你收获了哪些信息？具体分析。

生讨论回答总结：

1. 人物分析：10篇小古文中所写的儿童都是聪明的、充满智慧的，所写的大人都是愚笨的、可笑的。

2. 出处分析：这10篇小古文的出处，《刻舟求剑》《掩耳盗钟》都来自《吕氏春秋》；《王戎不取道旁李》《杨氏之子》都来自《世说新语》；《司马光》《曹冲称象》都来自《二十四史》。

3. 内容分析：10篇小古文都是由人物、事件组成。

4. 题目分析：有些题目属于寓言故事类成语。

5. 内容分析：聪明的也好，愚笨的也好，每篇小古文都告诉我们一些做人做事的道理和智慧。

五、总结古文，感谢先贤

（一）读书看出处，了解背景

我们读一篇文章，一定要知其根源，这10篇小古文，都有出处。

读古文要知出处

·《司马光》	《宋史》	《二十四史》
·《曹冲称象》	《三国志》	《二十四史》
·《王戎不取道旁李》	《世说新语》	
·《杨氏之子》	《世说新语》	
·《刻舟求剑》	《吕氏春秋》	
·《掩耳盗钟》	《吕氏春秋》	
·《两小儿辩日》	《列子》	
·《守株待兔》	《韩非子》	
·《南辕北辙》	《战国策》	
·《山鸡舞镜》	《异苑》	

（二）文化根脉，历史悠久

1. 这10篇古文中，《曹冲称象》选自《三国志》，《三国志》和《宋史》都属于《二十四史》的一部分。《二十四史》是中国古代各朝撰写的二十四部史书的总称。它上起传说中的黄帝时期，止于明朝崇祯十七年（1644年），计三千多卷，近四千万字。《二十四史》的内容非常丰富，记载了历代经济、政治、文化、艺术和科学技术等各方面的事迹，这部巨著是我国五千年文明历史的见证。作为华夏子孙，我们理应为之骄傲，为之自豪。

2.《吕氏春秋》《韩非子》《三国志》《世说新语》等名著的作者都是历史上的著名人物。请大家课下搜集一下他们的资料，看看围绕他们还有哪些有趣的历史故事。

3. 学习古文可以明事理，增智慧，读古文可帮助我们了解历史，了解古人的思想，弘扬优秀传统文化，传承民族精神。

第五节　古诗文与小学生思辨力提升

思辨，是指学习者通过对事物的分析、比较、推理、质疑等思维活动对事物的情况或类别、事理等进行辨别、判断与决策的能力。思辨能力是一种抽象思维能力，独立思考、理性分析、辩证表达是思辨能力的重要特征。

培养思辨能力，把知识传播和能力训练更好地结合起来的教学策略，在高中课标中有明确提出。其实在小学阶段，同样应该在教学过程中，借助语文教材三至六年级编排收录的古诗词及文言文，运用接龙教学法中的主题积累，通过同类主题的对比，培养学生的思辨意识和能力。

一、在主题古诗词对比中培养思辨能力

小学阶段是积累古诗词的黄金期。通过接龙教学法中的主题积累，把

小学阶段一百多篇古诗文，根据内容分类读背。第一轮，纯粹地读背和浅显地理解文意。第二轮便是在读背之后进行主题学习，在深度学习中辨析、比较同一类诗词写法上的不同，也就是思辨力的培养。

比如，小学语文教材中有8篇关于送别的古诗词——《芙蓉楼送辛渐》《送元二使安西》《赠汪伦》《黄鹤楼送孟浩然之广陵》《别董大》《赋得古原草送别》《卜算子·送鲍浩然之浙东》《晓出净慈寺送林子方》。这8篇单独从题目看都有“送别”之意。前7篇，文意或畅叙友谊，或纠缠于离愁别绪。但《晓出净慈寺送林子方》“毕竟西湖六月中，风光不与四时同。接天莲叶无穷碧，映日荷花别样红”中却没有一字是在送别，全诗写了一片美丽的荷花盛开的西湖景色。这是不是文不对题啊？质疑问题一出，学生的思辨思维打开了，纷纷探寻诗人杨万里通过什么形式在写送别。杨万里一边送林子方一边介绍着西湖的美景，六月的西湖荷花是最美的，原来杨万里是通过对西湖美景的极力赞美，用西湖的美来留住林子方。这样的送别诗真是别具匠心，也是培养学生思辨能力的好范文。

二、主题小古文对比学习，培养学生思辨能力

小古文短小精悍，记载着中华民族的历史文化，渗透着中国人的审美情趣和思维方式。文言文教学如果只是让学生读读背背、了解大意，那么精选到教材中的古文无法发挥引导高阶思维的作用，并且学生也难以感受到古文的魅力。在古文教学中，我们不仅要让学生通过多种方式愉悦读背，更要让学生通过学习古文，进行思辨活动，加深对古文内容的理解，提高学生的阅读能力，进一步增强学生热爱祖国语言和文化的情感。

（一）古文教学中思辨能力的培养

小学语文教材收录了一篇古文《两小儿辩日》，写了两个小孩争辩太阳在早晨和中午距离人们远近的问题。一儿曰，“我以日始出时去人近，而日中时远也”，理由是“日初出大如车盖，及日中则如盘盂”；一儿曰，“我以日初出远，而日中时近也”，理由是“日初出沧沧凉凉，及其日中如探汤”。两个小孩各有观点和理由，体现了他们善于观察、说话有理有据、

不服输的特点。

（二）抓住古文关键词进行剖析，提升思辨能力

小学语文教材三篇文言文《两小儿辩日》《书戴嵩画牛》《守株待兔》中，都有一个“笑”字。带领学生综合比较这三篇文章中的“笑”，从中“笑”出一片思维天地。

“一日曝书画，有一牧童见之，拊掌大笑，曰：‘此画斗牛也。牛斗，力在角，尾搐入两股间，今乃掉尾而斗，谬矣。’处士笑而然之。”这段话中有两个“笑”字，教学时联系课文有关内容启引学生思辨质疑：文中两个“笑”字的意思一样吗？学生经过阅读思考，有的说“拊掌大笑”中的“笑”可能是牧童笑话画家画错了，可能是牧童为自己发现画中的错误而笑；有的说“笑而然之”中的“笑”可能是处士遇到牧童指出自己珍爱的画中错误而勉强的笑，也可能是处士为牧童率真、可爱、聪明而感到高兴的笑……

《两小儿辩日》中“孔子不能决也。两小儿笑曰：‘孰为汝多知乎？’”这里的笑，学生会理解为“笑话”，也可理解为感觉自己能提出太阳距离远近的问题，难倒了大学问家孔子而高兴的笑。

《守株待兔》中“兔走触株，折颈而死。因释其耒而守株，冀复得兔。兔不可复得，而身为宋国笑”。这里的“笑”，有的学生理解为动词“嘲笑”“笑话”，被宋国人笑话；有的理解为名词“笑话”，即成了宋国人的笑话。笑农夫存有不劳而获的思想；笑农夫存有侥幸的心理，把偶然碰巧发生的事当作经常发生的事；笑农夫墨守成规、不知变通的想法——在“笑”中，学生思辨能力得到一步步提升。

总之，这三篇文言文的“笑”，答案不要唯一，要尊重学生的思想体验，鼓励学生多元解读。在宽松的环境中，创设出思辨氛围，让学生在思辨中体会语言运用的精妙。

（三）主题学习中，通过写作手法的比较，锻炼学生思辨能力

在小学阶段，有五篇文言文是写儿童智慧的，属于“童智篇”。三年级《司马光》，四年级《王戎不取道旁李》，五年级《杨氏之子》，六年级

《书戴嵩画牛》《两小儿辩日》。这组小古文的相同处有两点：一是内容上都是讲智慧儿童的，二是在写作手法上都运用了对比。

比较五篇古文的写作手法，分析表现儿童智慧是通过哪些手法来描述的。我们用“语言”和“动作”描写进行分析，通过比较分析，得出以下结论。

文言文	动作	语言
司马光	★	
王戎不取道旁李	★	★
杨氏之子		★
书戴嵩画牛		★
两小儿辩日		★

小学阶段思辨力的培养，需要老师创设思辨情境，然后经过质疑、点拨、对比等方法，打开学生思维，实现从低阶思维逐步向高阶思维的过渡。思辨为文言文和古诗词的教学注入了新的活力，促进学生深度理解文章的思想内容。

第六章　主题接龙与整本书学习

第一节　《论语》主题学习

《论语》是儒家思想的代表作，文字简短，意蕴丰富，不少句子被人们当作格言而奉行，是我国现存最早用语录体记录的古籍。读之，孔子与众弟子娓娓而谈的场景如在眼前。

全书共20篇，四百多章，内容涉及很广，有哲学、政治、教育、文学、生活、艺术乃至立身处世之道等，形散但是神聚。

在前人的基础上，我把《论语》进行归类排列，使之井然有序，便于学习。

归类后，《论语》共可分为“孝悌”篇、“仁德”篇、“君子”篇、“交友”篇、“礼仪”篇、“言行”篇、“学习”篇、“评论”篇、“为政”篇、“师徒”篇、“生活”篇十一类，并以此为龙头进行《论语》主题接龙。

《论语》分类读，不仅利于读背，更能对《论语》的思想内蕴进行深入理解。这种学法比较适合小学生，根据我多年的课堂实践，《论语》分类读背，有助于学生学以致用，达到“读经典，用经典”的目的。

例如学习“君子”篇。一提及君子，大家都不陌生，但是如果让说出什么是“君子”，似乎又言不达意。在《论语》一书中，有107个地方出现了君子一词。我们把与君子相关的句子单独拿出来，集中诠释君子。于是，模糊的君子形象便在我们眼前高大起来，立体起来，活起来了。这样的学习，胜过千言万语的解释。

第二节　《论语》之“生活篇”浅析

《论语》以最朴素的语言诠释着生活的哲理，从生活的吃、穿、住、行，到祭祀、交友等，它像一位长者谆谆教诲着一代又一代中国人。

孔子对饮食的观点，“食不厌精，脍不厌细。食饐而餲，鱼馁而肉败，不食。色恶，不食。臭恶，不食。失饪，不食。不时，不食。割不正，不食。不得其酱，不食”“食不语，寝不言”（《论语·乡党》）。两千多年前，孔子就教诲我们吃饭要按一定的规律，不到吃饭的时间，不要随便吃饭等。而今天的很多人都在违背这一生活规律，损害身体健康。

孔子对穿着的观点，“齐（通斋），必有明衣，布。”（《论语·乡党》）。斋戒沐浴后一定穿浴衣，浴衣是用麻布做成的。

孔子对坐车的观点，“升车，必正立，执绥。车中，不内顾，不疾言，不亲指”（《论语·乡党》）。

孔子对鬼神的观点，“敬鬼神而远之”（《论语·雍也》）、“子不语怪、力、乱、神”（《论语·述而》）、“未能事人，焉能事鬼”（《论语·先进》）。

《论语》不仅特别贴近我们的生活，而且引领着我们在生活中追求理想。

孔子具有苦中求乐的生活态度。《论语》告诉我们要有忧患意识，在忧患中谋生，在谋生中坚守自强不息的精神，在自强不息中得到一种精神上的快乐。《论语》中许多句子告诉了我们这一点。

“一箪食，一瓢饮，在陋巷，人不堪其忧，回也不改其乐”——《论语·雍也》；

“有朋自远方来，不亦乐乎”——《论语·学而》；

“饭疏食饮水，曲肱而枕之，乐亦在其中矣”——《论语·述而》；

“莫（暮）春者，春服既成，冠者五六人，童子六七人，浴乎沂，风乎舞雩，咏而归”——《论语·先进》。这种乐观的生活态度，影响着中国数千年来一代又一代人。

孔子对天命的观点，“不知命，无以为君子也”（《论语·尧曰》）、“君子有三畏：畏天命，畏大人，畏圣人之言”（《论语·季氏》）。

孔子不仅有“不知命，无以为君子也”之言，还说自己“五十而知天命”；同时，他又是一个“知其不可而为之”者。所以，“知天命”不是听天由命、无所作为，而是谋事在人，成事在天，努力作为但不企求结果，对个人荣辱已经淡然，但并非消极等待，亦非听命、任命与宿命，而是“发愤忘食，乐以忘忧”，享受“知天命”而努力向上的幸福。

第三节　《诗经》主题学习设计

一、主题归类

《诗经》学习的价值和重要性，已经众所周知，那么在接龙教学法中，要有主题地读背《诗经》，从庞大的305篇中选择适合小学生读背的诗篇进行学习。

《风》《雅》《颂》是《诗经》的组成内容，我们根据内容重新归类，分作九部分，从中选择68篇进行学习。

二、《关雎》教学设计

（一）初步了解

1. 生自读“作品简介”。

《关雎》是《诗经·国风》中的一首古诗。《关雎》这首诗是《风》之始也，也是《诗经》的第一篇。《关雎》内容简单，是写一个“君子”对“淑女”的追求，写他追求不到“淑女”时心情苦恼，翻来覆去睡不着觉；追到了“淑女”就很开心，叫人奏起音乐来庆贺，并以此让“淑女”快乐。

2. 听音频正音。

3. 齐读《关雎》。

（二）学习

1. 根据注释，自行理解大意。

2. 男女生接龙读《关雎》，或击拍读。

3. 男女生古今接龙读《关雎》，了解大意。

（三）欣赏学习

1. 画出喜欢的句子。

2. 齐读名句。

（四）背诵（读熟）

第四节 第五届全国名家人文教育高端论坛暨名师课堂研讨会（小学）

——《论语》主题接龙上课实录

教学目标：

用接龙的形式学习《论语》；结合生活实践，应用《论语》。

教学过程：

一、出示《论语》小龙头

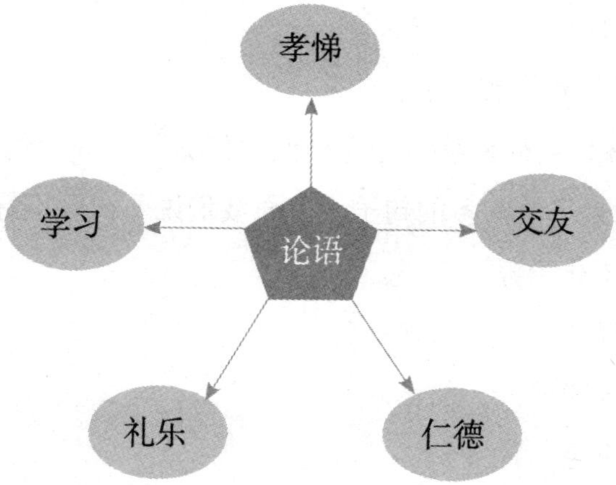

师：同学们，今天我们加把劲，一鼓作气开五个龙头，有没有信心？

（一）“孝悌”篇接龙

师：百事孝为先，我们先从“孝悌”开始。孔子是怎么谈孝的呢？想好的请举手。

生1：今之孝者，是谓能养。至于犬马，皆能有养；不敬，何以别乎？

生2：事父母几谏。见志不从，又敬不违，劳而不怨。

生3：孝弟（通“悌”）也者，其为仁之本与！

生4：贤贤易色；事父母，能竭其力；事君，能致其身；与朋友交，言而有信。虽曰未学，吾必谓之学矣。

生5：父母之年，不可不知也。一则以喜，一则以惧。

生6：父母在，不远游，游必有方。

师：很好！

生7：父在，观其志；父没，观其行；三年无改于父之道，可谓孝矣。

生8：弟子入则孝，出则悌，谨而信，泛爱众，而亲仁。行有余力，则以学文。

师：很好！试想一个人如果不敬、不爱他的父母，还能奢求他去爱别人，爱自己的国家吗？所以做人之根本，首先要从“孝悌”开始。

（二）“仁德”篇接龙

导语：下面我请教大家一个问题，儒家思想理论的核心是什么？想一想，想好了举手。

生：仁、义、礼、智、信。

师：《论语》中有大量的内容在谈“仁德”，同学们在读《论语》的时候，也一定积累了非常多的句子，下面我们说一说好不好？

生1：当仁不让于师。

生2：君子以文会友，以友辅仁。

生3：唯仁者能好人，能恶人。

生4：巧言令色，鲜矣仁。

生5：不仁者，不可以久处约，不可以长处乐。

师：仁者安仁，知者利仁。

生6：博学而笃志，切问而近思，仁在其中矣。

生7：刚、毅、木、讷，近仁。

生8：恭而无礼则劳，慎而无礼则葸，勇而无礼则乱，直而无礼则绞。君子笃于亲，则民兴于仁；故旧不遗，则民不偷。

生9：知者乐水，仁者乐山；知者动，仁者静；知者乐，仁者寿。

生10：如有王者，必世而后仁。

生11：克己复礼为仁。一日克己复礼，天下归仁焉。为仁由己，而由人乎哉？

生12：宰我问曰：“仁者，虽告之曰：‘井有仁焉。’其从之也？”子曰：“何为其然也？君子可逝也，不可陷也；可欺也，不可罔也。”

生13：知者不惑，仁者不忧，勇者不惧。

生14：夫仁者，己欲立而立人，己欲达而达人。能近取譬，可谓仁之方也已。

生15：人而不仁，如礼何？人而不仁，如乐何？

生16：或曰：“雍也仁而不佞。”子曰：“焉用佞？御人以口给，屡憎于人。不知其仁，焉用佞？”

生17：堂堂乎张也，难与并为仁矣。

生18：里仁为美，择不处仁，焉得知？

生19：仁者先难而后获，可谓仁矣。

生20：子贡曰：“如有博施于民而能济众，何如？可谓仁乎？”子曰：“何事于仁，必也圣乎！尧、舜其犹病诸！夫仁者，己欲立而立人，己欲达而达人。能近取譬，可谓仁之方也已。”

师：还有说的吗？

生21：子罕言利，与命，与仁。

生22：仁远乎哉？我欲仁，斯仁至矣！

生23：子贡问为仁。子曰：“工欲善其事，必先利其器。居是邦也，事其大夫之贤者，友其士之仁者。”

师：一句话，所谓的“仁”就是什么啊？

生23：爱人。

（三）“学习”篇接龙

导语：“爱人”，心中要有爱，与人为善。作为伟大的思想家、教育家，孔子在学习方面也给了我们非常多的宝贵建议，相信同学们也积累了很多。谁起来谈谈？

生1：学而时习之，不亦说乎？有朋自远方来，不亦乐乎？人不知而不愠，不亦君子乎？

生2：三人行，必有我师焉！择其善者而从之，其不善者而改之。

生3：学而不思则罔，思而不学则殆。

生4：子贡问曰："孔文子何以谓之'文'也？"子曰："敏而好学，不耻下问，是以谓之'文'也。"

生5：学如不及，犹恐失之。

生6：君子以文会友，以友辅仁。

生7：君子博学于文，约之以礼，亦可以弗畔矣夫。

生8：温故而知新，可以为师矣。

生9：知之者不如好之者，好之者不如乐之者。

生10：默而识之，学而不厌，诲人不倦，何有于我哉？

生11：君子不重则不威；学则不固。主忠信，无友不如己者，过则勿惮改。

生12：子以四教：文、行、忠、信。

生13：知之为知之，不知为不知，是知也。

师：很好。我相信同学们在以后的学习生活中，会对刚才所说的有所体会和感悟的。

（四）"礼乐"篇接龙

导语：孔子因知礼而出名，开始广收门徒。中国素来有"礼仪之邦"的美誉，我想这和孔老先生的"礼"有很深的渊源，下面我们来看《论语》中是怎样来谈"礼仪"的呢，知道的同学请举手。

生1：礼之用，和为贵。

生2：非礼勿视，非礼勿听，非礼勿言，非礼勿动。

生3：八佾舞于庭，是可忍也，孰不可忍也？

生4：礼云礼云，玉帛云乎哉？乐云乐云，钟鼓云乎哉？

生5：定公问："君使臣，臣事君，如之何？"孔子对曰："君使臣以礼，臣事君以忠。"

生6：先进于礼乐，野人也；后进于礼乐，君子也。如用之，则吾从先进。

师：很好！来，后面的同学。把话筒传到后面，给他们机会。

生7：子曰："麻冕，礼也；今也纯，俭，吾从众。拜下，礼也；今拜乎上，泰也。虽违众，吾从下。"

生8：不知命，无以为君子也。不知礼，无以立也。不知言，无以知人也。

生9：信近于义，言可复也。恭近于礼，远耻辱也。因不失其亲，亦可宗也。

生10：居上不宽，为礼不敬，临丧不哀，吾何以观之哉？

师：还有没有想说的？

生11：人而不仁，如礼何？人而不仁，如乐何？

师：同学们看最后一个龙头。《论语》中有哪些有关"乐"的句子？

生12：学而时习之，不亦说乎？有朋自远方来，不亦乐乎？

生13：乐而不淫，哀而不伤。

生14：知之者不如好之者，好之者不如乐之者。

生15：贤哉！回也。一箪食，一瓢饮，在陋巷。人不堪其忧，回也不改其乐。贤哉！回也。

生16：女奚不曰：其为人也，发愤忘食，乐以忘忧，不知老之将至云尔。

生17：知者乐水，仁者乐山；知者动，仁者静；知者乐，仁者寿。

生18：饭疏食饮水，曲肱而枕之，乐亦在其中矣。

生19：兴于《诗》，立于礼，成于乐。

生20：闵子侍侧，訚訚如也；子路，行行如也；冉有、子贡，侃侃如也。子乐。"若由也，不得其死然。"

（五）师徒问答接龙

师：好，同学们，下面我们换一种形式。同学们，每每我和你们读《论语》的时候，就感觉仿佛回到了春秋时代，赶着马车，带着书，周游列国，颠沛流离中，不失谆谆教诲。现在你们就当那七十二贤者，提出疑惑，我就当孔子来解答，请同学们勇敢地问，我答不上来的，没关系，"三人行，必有我师焉”，台下有这么多老师，肯定会帮助我们，或者由你自己来解答也行，好不好？

生21：仲弓问仁。

师：出门如见大宾，使民如承大祭。己所不欲，勿施于人。在邦无怨，在家无怨。

生22：君子亦有恶乎？

师：有恶，恶称人之恶者，恶居下流而讪上者，恶勇而无礼者，恶果敢而窒者。

生23：仁者，虽告之曰：“井有仁焉。”其从之也？

师：何为其然也？君子可逝也，不可陷也；可欺也，不可罔也。对不对？

（掌声）

生：樊迟问仁。

师：有两个，一个是“爱人”，还有一个是“仁者先难而后获”，对不对？

生24：愿闻子之志。

师：老者安之，朋友信之，少者怀之。

生25：贫而无谄，富而无骄，何如？

师：可也。未若贫而乐，富而好礼者也。

生26：子张问仁于孔子。

师：子张问仁于孔子……提醒我一下好不好？

生27：能行五者……

师：我想起来了，是“能行五者于天下，为仁矣”。

生28：请问之。

师：恭，宽，信，敏，惠。恭则不侮，宽则得众，信则人任焉，敏则有功，惠则……

生29：敏则有功，惠则足以使人。

师：对。敏则有功，惠则足以使人。

生30：子贡问君子。

师：先行其言，而后从之。

生31：君使臣，臣事君，如之何？

师：君使臣以礼，臣事君以忠。

生32：子张问行。

师：言忠信，行笃敬，虽蛮貊之邦，行矣；言不忠信，行不笃敬，虽州里，行乎哉？立，则见其参于前也；在舆，则见其倚于衡也。夫然后行。

生33：子贡问为仁。

师：工欲善其事，必先利其器。居是邦也，事其大夫之贤者，友其士之仁者。

生34：子夏为莒父宰，问政。

师：无欲速，无见小利。欲速则不达，见小利则大事不成。

生35：子路问政。

师：先之，劳之。

生36：克、伐、怨、欲不行焉，可以为仁矣？

师：台下的老师们，会的请举手，我特别需要帮助，这一个我还真是很陌生。

生37：可以为难矣，仁则吾不知也。

师：谢谢你！回去请你吃雪糕。

师：还要问啊？非要把我问倒？

生38：子夏问孝。

师：色难。有事，弟子服其劳；有酒食，先生馔。曾是以为孝乎？

生39：赐也何如？

师：赐也何如？来，你来。

生40：女，器也。

师：对，“女，器也”，想起来了。

生41：子游问孝。

师：今之孝者，是谓能养。至于犬马，皆能有养；不敬，何以别乎？

师：谢谢，谢谢同学们，让我当了一回孔老夫子。

（六）生活应用《论语》

导语：我们不仅要在课堂上学习《论语》，还要在生活中不断地实践《论语》。下面请同学们畅所欲言，说出《论语》中自己最喜欢的一句话。想一想，结合自己的生活实际来谈。

师：好，请你来谈谈。

生1：我最喜欢的一句是："德不孤，必有邻。"这句话的意思是，只要是你有道德，就会有志同道合的人来与你相伴。我有一个朋友她的名字叫仲新彤，她特别喜欢帮助人，所以她与所有的朋友都相处得很好，大家也愿意与她做朋友。从这句话中我知道，只有成为品质好、有道德的人，才会有人与你做朋友。

师：一个人是这样，邻居之间是这样，国家和国家之间也是这样。

生2：我最喜欢的一句是："不迁怒，不贰过。"这句话的意思是不把怒气撒到别人身上，同样的错误不犯两次。比如说有一次，爸爸妈妈工作中遇到不顺心的事了，然后把怒气撒到我身上，我觉得这样是不对的。在这次考试的时候犯过的错误，下次不要再犯了。

师：一个人能做到"不贰过"，简直就是一个伟人了。还有，如果以后你父母再把气撒到你身上，你就给他们写一张纸条，写上什么啊？

生3：不迁怒，不贰过。

师："不迁怒"就行。好，来，请把话筒给他。

生4：我最喜欢的一句话是："三人行，必有我师焉：择其善者而从之，其不善者而改之。"这句话的意思是，几个人一起走，其中一定有可以做我老师的，选择他们的优点来学习，看到他们的缺点，就反思自己。就拿我们班同学来说，我可以从朱恒毅的身上学习到他的认真刻苦，看到有的同学做事比较马虎，我就反省自己是不是也有马虎的缺点。从这句话中我领悟到：一个人应该去多多发现别人的优点，去学习别人的优点，也应该改正自己的缺点。

师：刚才孟子蕴同学说的这句话，也很像《论语》中的另外一句话——“见贤思齐焉，见不贤而内自省也。”好，谁再来谈谈？

生5：我最喜欢的一句话是：“弟子入则孝，出则悌，谨而信，泛爱众，而亲仁。行有余力，则以学文。”我们做孩子的在家要孝顺父母，出门要尊敬兄长，要博爱众人，言行要谨慎，说话要算数。

师：说得太好了，同学们掌声鼓励。还有没有要谈的？

生6：我最喜欢的一句话是：“古者言之不出，耻躬之不逮也。”这句话的意思是说，古代的人话不轻易说出口，就是因为他们以话既出口而自己却做不到为耻。我觉得君子说出去的话像水一样，覆水难收。我们说出来了，就要做到；倘若我们做不到，就不要说出来。我们在说这句话之前，一定要想清楚，有没有能力承担这个责任，我觉得人与人之间应该遵守这个原则。

师：好，“言必信，行必果”，说得非常好！

生7：我最喜欢的一句是：“己所不欲，勿施于人。”这句话的意思是说，自己不想做的事情，不要强加在别人身上。

师：说得真好，太好了！还有哪位同学要说？

生8：我最喜欢的一句是：“逝者如斯夫，不舍昼夜。”这句话的意思是，时间就像这流水一样，白天黑夜都不停地流去。“一寸光阴一寸金，寸金难买寸光阴”，我们一定要在有限的时间里，学到无限的知识。

师：很好！

生9：我最喜欢的一句就是：“君子一言以为知，一言以为不知，言不可不慎也。”这句话的意思是说，君子一句话就可能表现出他的聪明，也有可能表现出他的不聪明，说话必须要谨慎。我从中知道了，我们说话时要经过思考，不能随便乱说，这样会显得非常没有素养，不是一个君子。

（掌声）

师：说得非常好！“言不可不慎也”。还有没有？

生10：我最喜欢的一句话是：“益者三友，损者三友：友直，友谅，友多闻，益矣；友便辟，友善柔，友便佞，损矣。”我从这句话中懂得了，交朋友的标准就是正直与诚信。这样才能对自己有益，也能对别人有益。不能交那些花言巧语的朋友，这样对自己一点好处也没有。

师：很好，这是“交友之道”中非常重要的一个原则。好，同学们，我再给你们一个机会。

生11：我最喜欢的一句话是：“岁寒，然后知松柏之后凋也。”这句话的意思是，到了一年中最寒冷的时候，就知道其他植物大多都凋零了，只有松柏挺拔，比喻在遇到困难时坚持不懈的人。在今天仍然有一群人播撒着善的种子，比如说我们的丁老师，从一年级就教我们《笠翁对韵》《弟子规》，要不然我们现在怎么能坐在这里上《论语》课呢？所以我对“岁寒，然后知松柏之后凋也”这句话有了更深的理解。

（掌声）

师：谢谢你！是的，从一年级咱们就开始读经典、背经典，现在我们已经在用经典。我们很快就毕业了，相信同学们在以后的人生路上，经典书籍不离手，相信好书会给大家带来更加幸福、精彩的人生。谢谢！

下课。

生：老师再见。

师：我的宝贝们再见。

第五节　主题接龙设计活动

接龙教学法的原则之一是“高效、减负、出成绩”，我们所有的活动都是有备而来、锦上添花的，当然也是激活知识的好机会。常见的活动有“传统节日”“民俗活动”“民间故事”“纪念活动”“经典诵读”等。总设计如下。

一、课前准备

1. 搜集资料：起源（来历，传说）、含义、相关人物、主要标志（产品）、主要故事等。

2. 小组交流熟悉资料。

3. 小组根据“小龙头”安排分工。

二、课堂展示

1. 课件出示：主题接龙龙头。

六个小龙头的出示，或者根据已有的安排，或者根据上课师生对该活动的内容概括总结。

2. 小龙头接龙。

这是活动的主要内容。可以分小组进行，每个小组讲一个内容，可以同讲一个内容，学生自由谈。

3. 龙头与龙头之间的链接要自然。

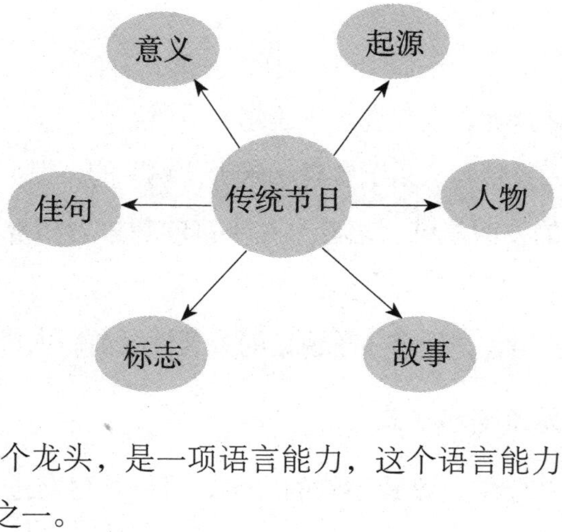

自然链接每个龙头，是一项语言能力，这个语言能力也是接龙教学法的重点训练内容之一。

4. 根据活动内容，学生可以写作文，或者做手抄报等。

5. 做好材料积累。在长期的活动中，做有心人，注意积累材料。

第七章　接龙教学法学科融通迁移

接龙教学法作为一种教学方法，可以贯穿到其他学科中，并能灵活应用。同时，接龙教学法是在语文课堂上诞生的，所以在语文学科教学中拓展面是较大的。

一、概念

说话接龙：由第一位同学开头，说一句或一段完整的话，其余同学在此基础上继续延续情节或发表自己的看法。“说话接龙”分四类：1. 想象故事接龙；2. 给词接龙；3. 说景接龙；4. 说人接龙。

二、接龙目标

1. 培养学生认真听、大声说、快速想的习惯。

2. 培养学生人人参与、乐于参与、乐于“说”的习惯。

3. 拓展学生的发散思维，培养学生丰富的想象力和善于观察周围事物的能力。

4. 丰富学生的语言，提高孩子说话的条理性、前后内容的衔接性。

三、故事接龙策略和形式

1. 根据年级和学情，设计不同的方案，可以循序渐进。低年级一开始由教师进行引领。

2. 小组接龙，全班自由接龙，家庭接龙等。

3. 先接龙，后在“说”的基础上独立成文或接龙成文（写）。

第一节　想象故事接龙细节指导

想象故事接龙，是指第一个同学说一句话作为故事的开头，第二个同学接着发挥想象说一句或一段话，依此类推，最后形成一个情节完整的故事。

故事接龙，按照内容类型可以分为“童话故事”“探险故事”“穿越故事”等。

一、故事接龙教学深入化

故事接龙，属于语言发展测评的体现形式之一。

第一阶段：会接，前后连贯。

在这一阶段中，让学生初步了解什么是故事接龙，然后直接来接。教学要求是，只要能说完一个故事就行，目的在于激发学生的热情，不要有过高、过多的要求。要求一多，框框就多，就会限制孩子的思维。

在第一阶段，学生的开头也就是故事的开头是很重要的，直接影响故事的走向和主题。

教师在接龙教学中不仅有组织作用，还有引导作用。

一开始，老师可以作为“龙头”，不断提示学生接起来，学生也可能用读过的童话故事的情节进行接龙，这时老师不要轻易反对，即便是读过的情节，学生能用自己的语言概述出来，也是不错的。当学生接到“死胡同”时，老师要及时出现，要么“破墙”而出，要么引导返回，直至走出死胡同。

例如，故事接龙如下：

师：从前，有一个美丽的姑娘，生活在森林边。

生1：这个姑娘不仅美丽，还很善良。

生2：一天，走来了七个小矮人。

生3：他们相遇了，就高高兴兴地生活在一起啦。

师：七个小矮人第一次发现世上原来还有这么美丽又善良的姑娘，感觉自己太矮了，而不能多帮助姑娘做事。于是，七个小矮人就想——（**老师伸出食指，引导生来接**）

生4：七个小矮人就想自己也长大，长高。

师：他们就想长高的办法。

生5：其中一个就说，我们去寻找一种长高的灵药吧。

生6：美丽的姑娘担心他们走出去会被欺负，就和他们一起去寻找灵丹妙药。他们走啊走，走到一个大花园旁，忽然看见一个巨人和一群孩子在嬉戏玩耍。

生7：七个小矮人看着比姑娘还高大的巨人，感到不可思议。姑娘也感觉自己变成了小矮人。

生8：于是他们走过去和巨人说明来历。

生9：巨人说："世上没有灵丹妙药，我们每个人只要自己内心强大，人人都是巨人。"

师：（**伸出大拇指点赞**）

生10：一个人只要善良，外表只是一种表现形式，不管高矮俊丑，都是美丽的。

师：（**继续伸出大拇指**）我们是不是该结束故事了？谁来做故事的龙尾？

生11：巨人招呼姑娘和七个小矮人一起来到花园，住下来了。他们每天快快乐乐地生活着。

师：还有其他不同的结尾吗？

生12：七个小矮人和姑娘就又回到了森林边生活，从此不再找长高的灵丹妙药了。

先接故事，后根据故事起名字，如果名字很多，大家最后再评价一下哪一个更好。

师：这个故事我们编完了，但是故事还没有题目，现在谁把故事的题目取出来？

生略加思索举手：新编《七个小矮人和公主》、内心强大就是巨人、寻找长高灵丹妙药记。

最后表扬所有参与接龙的学生。

解析：这个故事，学生明显引用了《白雪公主和七个小矮人》这一童话故事，情节中还有《巨人的花园》的情景，但是学生又做了很大的改变，完全接龙成了另外一个故事，这就是学生的智慧之处。

“生3：他们相遇了，就高高兴兴地生活在一起啦”，仿佛把故事接完了。简单三句话接完一个故事，这样是没有太大实际意义的。有时学生一时不知如何打破“僵局”来接，这时需要老师出场，将故事“柳暗花明”，于是来了一句“七个小矮人第一次发现世上原来还有这么美丽又善良的姑娘，感觉自己太矮了，而不能多帮助姑娘做事。于是，七个小矮人就想”，引导学生，继续接龙。

另外，当学生接龙故事已经很成熟的时候，还可以评出接龙表现最棒的同学，这个评价需要符合这样几个条件：能够推动故事情节“柳暗花明”的，能够把故事细节描述生动的。

第二阶段：说细节。

大家七嘴八舌地编一个故事容易，但是如果在边说边想的情况下，把故事编得细致，情节生动、跌宕起伏，甚至有一定的寓意，那就不是简单的事情了。

随着故事接龙的入门，学生们都兴趣浓厚，教师要趁胜追击，对学生提出要求——把故事的细节说详细。

我们还是继续接龙上面的《七个小矮人长高记》。

师：从前，有一个美丽的姑娘，生活在森林边。

生1：这个姑娘不仅美丽，还很善良。

生2：一天，走来了七个小矮人。

师：这是七个长得怎样的小矮人呢？

生3：他们不到1米高，又矮又小，就像侏儒一般。

师：他们一看到美丽的姑娘有什么举动？

生4：他们看到姑娘后，先是很害怕，担心眼前这个高大的姑娘会瞧不起他们，撵他们滚蛋。谁知道，姑娘不但不讨厌他们，反而招呼他们进家里喝水、休息。很快他们就熟悉了。

生5：他们相遇了，就高高兴兴生活在一起啦。

师：七个小矮人第一次发现世上原来还有这么美丽又善良的姑娘，感觉自己太矮了，而不能多帮助姑娘做事。于是，七个小矮人就想——（老师伸出食指，引导生来接）

生6：七个小矮人就想自己也长大，长高。

师：他们就想长高的办法。他们想了哪些办法？

生7：其中一个就说，我们去寻找一种长高的灵药吧。

生8：美丽的姑娘担心他们走出去会被欺负，就和他们一起去寻找灵丹妙药。他们走啊走，走到一个大花园旁，忽然看见一个巨人和一群孩子在嬉戏玩耍。

师：姑娘带着七个小矮人经过了哪些地方？遇到困难他们是怎么克服的？

生9：他们走着走着，遇到了狼，他们相互拉着、拽着赶紧爬到树上，直到猎人来了，才救了他们。

生10：他们渴了，就喝河里的水。小矮人累病了，姑娘就采药给小矮人治病。

师：这真是一位善良的姑娘啊！

生11：姑娘为了实现小矮人的愿望，不辞辛苦翻山越岭，终于也累病了。

生12：七个小矮人为了感谢姑娘，就一起照顾她，采野果子给她吃。经过他们日夜照顾，姑娘终于好了。

师：就这样，他们一路扶持，一天忽然看到一个美丽的大花园。（感觉路上的时间、情节差不多后，就引导到大花园里来）

生 13：七个小矮人看着比姑娘还高大的巨人，感觉不可思议。姑娘也感觉自己变成了小矮人。

师：这是一个长得怎样的巨人啊？

生14：这个巨人坐着有半个房子高，伸着的脚就比小矮人还要高。

生15：于是他们过去和巨人说明来历。

生16：巨人说："世上没有灵丹妙药，我们每个人只要自己内心强大，人人都是巨人。"

师：（伸出大拇指点赞）

生17：一个人只要善良，外表只是一种表现形式，不管高矮胖瘦，都是美丽的。

……

在一句一句说的过程中，教师不断引导，引发学生不断展开想象，故事就越说越细致，情节越来越丰富。

二、故事接龙可以和语文课主题单元相联系

说话接龙配合语文教学，可以起到事半功倍的效果。

第二节　故事接龙教学案例

一、接龙目标

1. 创设情境，人人参与接龙。
2. 前后接龙形成默契，有条理。
3. 接龙中注意情感、态度、价值观的培养。

二、教学案例

（一）猎人和鹿

1. 导入

师：同学们，这一单元我们学习的四篇课文都是关于动物的。我们的生命是可贵的，动物的生命同样是可贵的，它们也有生存的权利。我们和动物共同生活在地球上，我们要尊重生命，爱护动物。今天，我们就围绕“爱护动物”进行一次“说话接龙”好不好?

2. 接龙过程

生1（龙头）：从前有一个猎人，他每天都去森林打猎。他的枪法可准了，简直是百发百中。

生2：一天，他又一次来到森林里。

生3：忽然，远处传来一阵“窸窸窣窣”的声音。

生4：凭着经验，他断定是野兽来了。

生5：于是，他赶紧藏在一棵大树后，准备出击。

生6：果然，一会儿，一头鹿出现了。猎人想：“这头鹿多么漂亮，多么健壮啊！准能卖个好价钱。”

生7：猎人窃喜，赶紧瞄准。他正准备扣动扳机，这时一头小鹿跑了过来。

生8：原来是一对母子。这对鹿母子对即将到来的厄运浑然不知。只见小鹿亲昵地蹭着母鹿，摇着短尾巴吃起奶来了，母鹿一动不动，温和地看着自己的孩子。

生9：看着眼前的一幕，猎人的手不禁颤抖了，他想起了自己的妻子和孩子，他爱他们甚于自己的生命。

生10：可是在一次突如其来的地震中，他永远失去了他们。

生11：想到这里，猎人痛苦地闭上了眼睛。那是怎样刻骨铭心的痛啊!

生12：猎人终于松开扳机，放下了猎枪。他望着这对可爱的母子，眼睛里满是欣赏，不是欣赏猎物，而是欣赏亲情。

生13：猎人没有打扰这对母子，背着猎枪回家了。

生14：他把猎枪挂在墙上，从此，再也没有动过。

师：故事讲完了，但是这个故事还没有题目，大家根据刚才的接龙情节，取个题目。

生：猎人的良心、猎人和鹿……

师：比较哪一个题目好？

3. 习作

师：同学们的接龙配合默契，事情的起因、发展、结果表述得很清楚，并且还有细节描写，人物的情感变化耐人寻味。下面，大家独立完成故事，写成一篇作文。

（二）探险故事接龙

1. 导入

师：这一单元我们学习了《鲁滨逊漂流记》的梗概和精彩片段，今天我们就围绕“探险”进行一次“说话接龙”。

2. 接龙过程

生1：从前有一位探险家，他独自一人乘船航行于大西洋中，在到达大西洋北端时，忽然遇到海啸，他的船沉入了大海。

生2：这位探险家凭着丰富的海洋知识和坚强的毅力，漂流到了世界著名的爱尔兰岛。

生3：热情好客的爱尔兰人救了他，让他饱餐一顿后，又给他找了个安全的地方住。

生4：几天后他休整好了，开始观察起这个岛来。原来，全岛一片苍翠碧绿，到处是草，可以称为“草岛”了。

生5：他踏着软绵绵的青草，来到一座山上。这山怪石嶙峋，高不可测，好像从没有人来过。

生6：他攀着山藤爬到半山腰，这儿草木葱茏，他想找个安全的地方歇一会儿。他刚坐下，突然陷进一个洞里，他惊呼一声，便失去了知觉。

生7：不知过了多久，他醒来了。只见周围一片漆黑，他只好摸索着起来，向前移动。

生8：不知走了多长时间，他忽然发现了一块会发光的石头。

生9：他走上前去，用手试探着摸了一下，顿时一股凉气流遍全身。只见这块会发光的石头中间慢慢裂开了一道缝。他没有慌，而是专注地看着。

生10：忽然，在这块石头下，一块恐龙蛋大小的绿宝石呈现在眼前。

生11：他激动万分，自探险以来，还从未见过这么大这么亮的绿宝石。他小心翼翼地将宝石捧起来。

生12：这块宝石上刻着一行小字："这是爱尔兰岛之宝，爱尔兰岛一片碧绿靠的就是这块宝石。"

生13：他多么想得到这块宝石啊，如果取走它，他就会成为富翁。但他又想，自己的命是爱尔兰人救的，不能取走他们的宝物，否则这里将会变成荒岛。

生14：良知让他又小心翼翼地把宝石放回原处，结果那块会发光的石头又慢慢地合上了。

生15：他转身往回走，忽然眼前一片光明，他来到了洞外。一艘大船正停在海上，他走近一看，只见船首写着"善行者号"。

生16：于是他乘上船高兴地回家了。

师：一个惊险的探险故事在同学们的共同创造下诞生了。大家给它起个名字吧。

生：探险家的故事、良知、爱尔兰宝石。

3. 习作

师：同学们，大家根据刚才的故事接龙写一篇作文，把跌宕起伏的故事情节写得更生动一些。

总结："听""想""思""说"和"写"在故事接龙中自然紧密地联系在一起。

（三）绘画、给词、故事接龙教学实录

教学目标：

1. 培养学生的想象力及发散思维。

2. 初步了解故事接龙的方法，培养学生按事情发展的顺序思考并表达的能力。

3. 培养学生乐于助人的优秀品质。

师：同学们久等了。请大家回忆一下，平时上课时我们的课桌上会有什么？

生：我们平时上课的时候，桌子上一般会有书本和文具。

师：你的口齿真清楚。

生：还有写字练习。

师：是呀，平时我们上课要读书，要写字，今天大家却是空手而来，听课的老师一定会很疑惑。上的什么课？怎么上？谁能为听课的老师解释一下？另外老师提醒一下，一定要含蓄一些，不要泄露我们的小秘密。

生：我们是要用脑子跟嘴巴配合上这节课的。

生：这节课我们是来妙口生花的。

师：妙口怎么生花呢？让我们一起走进“接龙课堂”。大家一起说出我们接龙课堂的口号——

生：我敢想，我敢说，我的课堂听我的！

绘画想象

课件呈现：

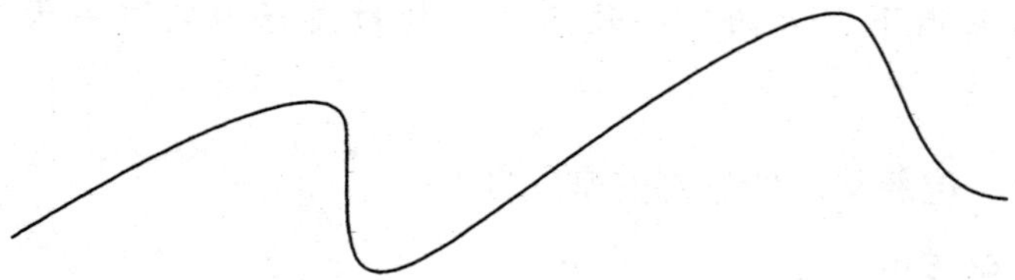

师：让我们一起推开想象的大门。看到这些简单的线条，你会想到什么？用一句话描述出来。

生：连绵起伏的群山拔地而起。

师：他想到了什么？

生：连绵起伏的群山。

师：谁再来说？

生：一只蚯蚓在松软的土里钻来钻去。

师：他想到了——

生：蚯蚓。

师：还想到了什么？

生：一条清澈的小溪在河床里弯弯曲曲地流淌。

师：她想到了小溪。

课件呈现：

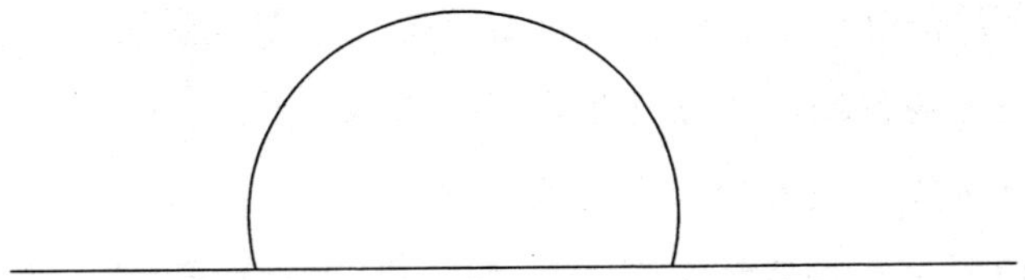

师：再看这幅图，静静地思考。你又想到了什么？

生：黎明，人们看到海面上太阳跳出了海平面。

师：一个“跳”字多么生动，他想到了——

生：日出。

师：谁还想说？

生：夕阳西下，太阳像一位慈父一样散发出他在这一天中最后的光芒。

师：像一位慈父。他想到的是什么？

生：太阳落山。

师：谁再来说？

生：猎人戴上草帽去打猎。

师：他想到了——

生：草帽。

给词接龙

课件呈现：

晚霞　可怜　饭馆　丹顶鹤

师：屏幕上出现了“晚霞、可怜、饭馆、丹顶鹤”四个词，它们看上去毫无关联，大家能不能发挥想象力，用自己的语言描绘一幅画面或是编一个故事。给大家30秒的思考时间。

生：一只丹顶鹤在森林里十分没有地位，许多比他强大的动物都欺负他。一天，晚霞渐渐逼近了，他还没有找到食物，失望地走在村里的小路上。这时一家饭馆出现了，他盯着饭馆看了许久，一只小兔子从饭馆里探出头来问：“请问，你是要吃饭吗？”丹顶鹤无奈地准备要走开，小兔子从饭馆里跳出来，从背后快步追上他说：“如果你没有钱，可以免费吃一顿。”可丹顶鹤说：“就算我现在吃了，以后也是没钱还呀。”小兔子爽快地说：“没事的，你先进来吧。”小兔子热情地端出可口的饭菜让丹顶鹤吃完了。丹顶鹤问：“你为什么要帮助我呢？”小兔子说：“原来我也被别的动物欺负，可是有一天一个比我还要弱小的动物帮助了我，并告诉我，‘如果你以后遇到比自己可怜的人而去帮助他，你一定会好心有好报的’。”丹顶鹤听了，大受感动，他对小兔子说：“以后我也会像你一样，尽自己所能帮助别人。”

师：故事讲完了，掌声送给她。四个词语是不是都用上了，一个非常动人的童话故事。听完这个故事你想说点什么？

生：一个人即使很弱小，也可以去帮助别人。所以，每个人都要心存善念。

生：我们都应该乐于助人。

师：我想你们也一定是善良的孩子。谁还想再来说？

生：一个饭馆门前，一只丹顶鹤可怜地趴在那里。晚霞照着它的翅膀，原来它被一个猎人射断了翅膀，再也不能飞翔了。一个人收养了它，不久它的伤好了，那个人就把它放回了大自然。

师：依然是一个充满爱心的故事。我发现同学们的思维特别活跃，语言也特别生动。平时，都是丁老师给大家出词语，今天有这么多听课的老师，能不能让他们给我们出词语呀？

依据台下老师所说，课件呈现：

会场　思维　矿泉水　争先恐后

师：四个词语：会场、思维、矿泉水、争先恐后，依旧是30秒的思考时间，计时开始。

生：有一瓶矿泉水，不像其他的矿泉水一样，只是让别人喝完以后默默地扔在一旁，他是个有理想的矿泉水。一天，他乘风来到了海中的一个城堡前。城堡的守卫告诉他，这是思维城堡，来到这里就会有意想不到的收获。矿泉水不假思索地进去了，进去之后他发现有许多鸟儿争先恐后地往他身上扑。矿泉水急中生智，躲到了幕布的后面，那些鸟儿找不到攻击的对象，只好飞走了。矿泉水继续往前走，发现这里都是由窗子组成的一个会场。矿泉水觉得这里什么也没有，于是就离开了。守卫又拦住他说：“你能从里面出来，说明你有极强的勇气和智慧，所以我将把这座城堡交给你保管。我将会离开这个世间，希望你能好好保管它。”

生：星期五，老师告诉我们，明天下午要上一节故事接龙课。这天晚上，我们都兴奋得不得了。晚上妈妈帮我做思维准备，说：“明天你一定会表现很好的，放心吧！”第二天，我拿了一瓶矿泉水就出发了。时间到了，我们都争先恐后地上了大巴。到了那里，我们都表现得非常好，很轻松地结束了这堂课。

师：你们是不是先进了会场呀，有会场这个词吗？老师帮你加上，在会场上你的发言也很精彩。他就是用上这四个词，讲述了他真实的生活。看来听课老师们出的词也难不住大家。

三、故事接龙

（一）以声音创设情境接龙，播放一段音乐

1. 师：想象的大门已经打开，让我们继续插上想象的翅膀，来到大家最喜欢的“故事接龙”环节。

2. 课件呈现：故事接龙。

接龙要求：故事接龙是给出一个故事的开头做龙头，其他同学将这个故事继续讲下去。每个人在接续的时候，不但要考虑前面的语言环境，还要考虑后面故事的发展。

师：这是最具挑战性的环节，大家敢不敢接受挑战？

生：敢！

师：它考验的是同学们的想象能力、语言表达能力、倾听能力、反应能力以及团队合作能力。请大家仔细听。

3. 课件呈现音乐音频。

师：这是一段声音，它也可以成为故事的开头。

4. 给学生30秒思考时间，然后开始接龙。

生1：森林的早晨，到处是安安静静的。可是咯咯哒、咯咯哒的叫声打破了这宁静，原来是大公鸡的妻子花母鸡孵出了一群黄黄的小鸡。

师：非常静谧又令人兴奋的早晨。谁来继续接下去。

生2：小鸡一个个黄绒绒的，还有两颗黑豆似的眼睛，可爱极了。大公鸡和花母鸡把他们当作自己的掌上明珠，非常疼爱。可是，好景不长，有一天黄鼠狼跑到他们的鸡窝后面打算偷鸡。

生3：但是大公鸡识破了他的诡计。喔喔喔……大公鸡呼唤他的儿女赶快逃跑。小鸡们飞一般地撤走了。

生4：他们刚跑到半路，眼看就要逃脱黄鼠狼的魔爪，但是又窜出来一只黄鼠狼。

生5：小鸡们纷纷叫：“天哪，救命呀，救命呀！”这时一个超人飞过来说：“大胆黄鼠狼，竟敢欺负人家小鸡，要不要脸。”

生6：超人只是动了动一个手指，一只黄鼠狼就飞到了旁边的一个池塘里。小鸡们感激地对超人说："谢谢你。要不是你，我们早就进了黄鼠狼的肚子里。"超人说："不用谢我，这是我应该做的事情。"

师：这个故事到此好像是结束了，但是老师不让它结束，还有三次机会。

生7：而另外一只黄鼠狼逃脱了。她准备下一次来给丈夫报仇。

生8：第二天，黄鼠狼又来偷鸡。超人又出现了，黄鼠狼拔腿就跑，超人在后面紧追不舍，黄鼠狼落荒而逃。超人在后面笑着说她真是胆小鬼。

师：龙尾。

生9：黄鼠狼再也不敢来骚扰公鸡、母鸡和他们的鸡宝宝了。公鸡、母鸡和鸡宝宝们过着快乐的生活。

5. 故事讲完了，咱们给它起个名字吧。

生1：超人打黄鼠狼。

生2：热心的超人。

生3：超人勇斗黄鼠狼。

师：这个故事给你什么启发呢？

生4：善有善报，恶有恶报。

生5：黄鼠狼也许是因为生存的原因才偷鸡的。

（二）以图画创设情境接龙

刚才我们以声音做故事的开头，老师有一次看到了这样一些图片。

1. 教师演示课件。

师：这是在哪儿作画？在眼皮上。你看这是一个童话的王国。看，这是沙画。这是蔬菜和水果，它们还有表情呢。多有创意呀，这不就是一个个故事吗？其实，图画也可以成为我们故事的开头，就以这幅为例，思考一个故事的开头。

2. 学生看图思考接龙。

生1：有一天，大忽悠家番茄来到一群羊面前，说："你们太瘦弱了，我身后有一瓶药，它可以让你们变得强壮，而且还有保健作用，你们要买吗？”

生2：羊们想，太好了，我们正愁被狼群追杀呢，于是说：“好呀，我们买。”他们每人都买了好多。

生3：番茄看到他们买了这么多，高兴极了。番茄看到羊们买了这些宝剑之后拔腿就跑。当天晚上狼又来袭击羊群了，羊们赶紧拿出他们白天买的宝剑来。没想到这些宝剑竟然是用纸做的。

师：药变成了宝剑不知道是误传还是穿越。

生4：“哦，不，哦，不。”羊们尖叫着，但是狼们还是扑了过来。一只一只地将他们全部吃掉了。

师：现在怎么办呀，我们故事的主角都没了？

生5：就在这时，从别处又跑来一只羊。看到这情景，说：“天哪，这么多只狼，我要赶快去别处报信。”

生6：那只羊跑到一个博士的屋子里。博士听到这个消息赶快去对付大灰狼。

生7：博士跟着那只羊来到草地上，看到群狼正在草地上呼呼大睡。她又看到了地上散落的纸片，于是把纸片收集起来，冲着纸片吹了一口气，纸片变成了一把金光闪闪的金剑。

生8：博士拿着剑，将大灰狼的肚子划开，将小羊们救了出来。小羊们非常感谢博士，说：“谢谢你救了我们，不然我们就要永远待在大灰狼的肚子里了。”

师：如果把话说清楚一些更好了。还有三次机会故事结束。

生9：博士说：“没事的，助人为乐是我的本能。”一眨眼，博士不见了。羊们继续过着幸福的生活，再也不会被人坑骗了。

生10：可是那个倒霉的番茄呢？半个月后，当羊们赶到他的小屋时，他已经被一个素不相识的农夫捉走了。

师：那个番茄我都把它抛到九霄云外去了，这位同学还想着呢。

生11：羊们心想：捉走了也好，就不会有人像我们一样被他忽悠，上当受骗了。善有善报，恶有恶报。

师：你们感觉这个故事和刚才那个故事是不是有很多相似的地方？大家再给这个故事起个名字。

生12：爱忽悠人的番茄。

生13：博士救小羊。

生14：坑骗的下场。

师：这两个故事很相像，所以名字也相似。假如大家把思维打开，故事会更加精彩。

（三）想象直叙接龙

1. 除了用声音、画面做故事的开头之外，最常用的就是用语言来叙述。请大家想一个故事的开头。

生1：在一个阳光明媚的早晨，有三只小猪在草原上玩得不亦乐乎。

生2：有一只大狮子在旁边呼呼大睡，他醒来看到三只小猪，馋得直流口水。可是这三只小猪都非常厉害，我怎么样才能把他们都抓住呢？

师：我不希望再是黄鼠狼抓鸡、狼抓小羊、狮子抓小猪，还有没有其他的故事发展下去？

生3：狮子这么想着，不由自主地朝三只小猪走去。忽然，他掉进一个大坑里，昏迷不醒。

生4：狮子醒来以后，发现自己掉进一个大坑里，心想：天哪，这可怎么办呀。三只小猪发现了，以为狮子在使什么诡计呢，就悄悄地跑了。

生5：他们刚跑一会，就发现狮子在坑里发出微弱的救命声："救命啊，救命啊，有谁来救救我呀。"三只小猪心想，这狮子虽然总是害别人，但是现在他很可怜呀，不如我们去救救他吧。

生6：就在小猪要赶去救狮子时，狮群也赶来了，小猪们赶紧跑了。狮群也发现了那只狮子，准备救他。

生7：那只狮子被救了上来。一只狮子说：那边有三只小猪，快去抓呀，要不然我们就吃不上烤乳猪了。

生8：这时，一只狮子说：不然咱们使一下诡计吧。他们从狮群中选出一只身体最弱的，扮成老巫婆。这只扮成老巫婆的狮子走到三只小猪面前，说："你们有什么愿望要实现吗？我法力无边，只要你们闭上眼睛听我的就会实现。"

生9：小猪们心想：这么神奇，到底准不准呢？想了想，还是决定听老巫婆的话试一试。

生10：那只扮成老巫婆的狮子就让小猪们闭上眼睛，小猪们就闭上了眼睛。当小猪们再睁开眼的时候发现自己已经被困在狮子的大团队里了。

生11：眼看一只狮子就要扑了上去吃小猪。刚刚掉进坑里的那只狮子想：刚刚小猪想救我，现在我也要帮帮他们呀。

师：还有三次机会就结束故事。

生12：于是那只狮子偷偷地从狮群中溜出来，拿了根藤蔓救了三只小猪。

生13：狮子大王问那只狮子说，那三只小猪去哪儿了？那只狮子说，其实那三只小猪是三只机械猪，随时可能爆炸。

生14：狮子大王一听，大惊失色，说："哎呀，那还把他们捉来干什么？幸亏你发现了，救了我们，要不然我们早就变成炸狮子了。这次你立了大功，我要好好嘉奖你，我要封你做我们狮群的副部长。"

师：给故事起个名字吧。

生15：好心的狮子。

生16：智救小猪。

生17：小猪与狮子。

生18：三只小猪奇遇记。

师：谈一谈这个故事带给你的收获、启发。

生19：好人永远会有一种神秘的力量让他幸运。

师："好人永远会有一种神秘的力量让他幸运"，这句话听起来非常有哲理。

生20：帮助别人就是帮助自己。

生21：你要不停地帮助别人，不然的话你在危难的时候别人就不会帮你。命运在冥冥中自有安排。

2. 师说龙头，生来接。

师：同学们怎么知道得这么多！你们看我们有三个故事了，接下来，我们把龙头送给下面的老师。

台下老师：在一个满天星斗的夜晚，忽然传来一声凄惨的鸟叫声。

生1：原来是猎人带着猎狗来捕鸟了。

生2：这只鸟儿是世间少有的凤凰鸟，她落入了猎人的陷阱，自然不会乖乖躺在猎人的网里。因为她是最聪明的凤凰鸟呀，于是她想了一个办法。她不停地啼叫，告诉猎人自己是一只生病的鸟儿，如果吃了她就会生病死掉。

生3：但是猎人不相信。凤凰鸟就想，我要不要装死呢，如果我装死猎人会不会就把我放掉呢?

生4：这个猎人可是经验非常老道的，他才不会信凤凰鸟那一套呢。猎人不顾凤凰鸟，往自己的小屋走去。这时，森林里的小动物已经听到凤凰鸟凄惨的叫声，他们准备集合去拯救世间少有的凤凰鸟。

生5：突然又传来一声鸟叫，原来是另一只凤凰鸟发出的。那只受伤的凤凰鸟听见了，知道是同伴们来救她了，她就把猎人引到了一个陷阱旁边。

生6：那个陷阱旁边有个草丛，当猎人走过去的时候，一只狮子突然窜了出来，说："交出凤凰鸟，要不然我就吃了你。"

生7：可猎人依然不听，举着枪对着狮子说："我管你三七二十一。"草丛里传来一声喊叫："冲啊，向猎人进军。"就这样，动物们把猎人带到了动物法庭。

师：还有三次机会结束这个故事。

生8：在猫头鹰法官的审理下，猎人被判定犯了"伤害小动物罪"，被关押在动物监狱里。从此，猎人再也不敢去捕捉小动物了。

师：在监狱里也没法捕捉小动物了。

生9：在动物监狱里的滋味非常不好受，这一切凤凰鸟都看在眼里，她心想：虽然当时猎人捕过她，但是她还是想救猎人出来。她就对法官猫头鹰说："你可以把猎人放出来吗？他也许只是一时昏了头才捉我的。把他放出来之后我会问问他能不能交个朋友，如果他同意了，以后就再也不会伤害小动物了。"猫头鹰法官同意了。

师：龙尾。

生10：那个倒霉的猎人被放出来以后决定金盆洗手，改过自新。数个月之后，凤凰鸟再见到他，他也成了一个对社会有用的人。

师：给坏人一次改过自新的机会，凤凰鸟是善良的，孩子们也是善良的。你看，生活中处处有故事，同学们也都是爱讲故事、会讲故事的孩子。

师：今后的岁月里，我将继续讲我的故事。同学们愿不愿意继续讲你们的故事？

生：愿意。

师：老师希望大家不但要讲故事，还要写故事，让更多的人听到你的故事，读到你的故事。美好的时光总是短暂的，我们的接龙课堂就要结束了，让我们再次喊出接龙课堂的口号——

生：我敢想，我敢说，我的课堂听我的！

师：谢谢同学们，谢谢大家精彩的表现。请大家起立，感谢老师们的倾听。

生：谢谢老师，老师再见！

第三节　说景接龙

一、教学案例《话芙蓉》

教学目标：

1. 感受说景接龙的乐趣——集众人智慧于一体，体会集体的力量。

2. 在说话斟酌与修改的过程中，进一步感受语言文字在传情方面的独特魅力，同时培养学生愿说、乐说的好习惯。

3. 在说话接龙和共同修改的过程中进一步了解遣词造句的方法，自觉养成表达严谨的好习惯。

4. 在活动中，认识具体表达的重要性。

5. 物中配诗词。

教学时间：

夏季。

教学过程：

一、启发谈话，激发情感，确定中心

师：同学们，清晨，当我们走进校园的时候，首先映入眼帘的是什么植物？

生：是校门口那几棵高大的芙蓉树。

师：是啊，芙蓉树每天陪伴着我们，与我们一起成长，下面我们一起回顾芙蓉树的四季变化。

（一）按季节接龙

小组接龙汇报交流：

季节	小组代表接龙
春	嫩绿的小芽在芙蓉树枝条上探出脑袋，好像在说："我要长大，我要快点长大。"
夏	树木长得葱葱茏茏，就像一把撑开的大伞，把阳光遮得严严实实，我们可以坐在树下乘凉，上体育课，游玩。尤其是芙蓉树开花，一树粉红，美不胜收。
秋	树上的叶子有的变黄了，有时风一吹，树叶都纷纷飘落下来，就像一只只在空中翩翩起舞的小蝴蝶。有时候我们把叶子捡回去，制成叶画。
冬	树叶都落光了，芙蓉树站在寒风中等待春天的来临。

（二）按照部位接龙。指导观察、说具体

1. 我们先看芙蓉树分为哪几部分？

生：树冠、枝叶、芙蓉花、树干、树根。

2. 师：现在请同学们仔细观察，我们一部分一部分地说。

3. 自由组合五个小组，每个小组人人尽责，负责观察芙蓉树的一部分。

4. 小组交流。

5. 接龙：

树	生接龙	用比喻
芙蓉树	生 1：芙蓉树树冠很大很大，占了小半个校园。	生 1：茂密的芙蓉树像一把绿色的大伞。
树叶	生 1：树叶像槐树叶状，细长了些，一片片又组成一大片树叶。 生2：上面是深绿色的，长着许多小绒毛；背面呈浅绿色，也有许多小绒毛。	生 1：芙蓉树的树叶，像人们的手掌，像芭蕉扇。
芙蓉花	生1：初夏，树上开满了芙蓉花，美丽、可爱。 生2：芙蓉花的花骨朵尖尖的，上面有许多小绒刺儿，含苞欲放。 生3：盛夏，芙蓉花绽放，花瓣是针状的，有些像蒲公英，柔嫩而细长的花针，刺在脸上痒痒的。 生4：远远望去，整棵树冠水红一片。	生 1：像小婴儿那红嘟嘟的小嘴儿。 生 2：满树盛开的芙蓉花白里透红，像一位粉妆少女。风一吹，轻轻地摆动着它那婀娜的身姿。 生 3：像新嫁娘顶着的盖头，又像彩云飞。
树干	生 1：树枝的颜色比树干的颜色要浅一些，摸上去很光滑，茂密的树枝向四面伸展着。 生 2：树的树干是灰白色的，上面有许多小疙瘩。	生 1：好像向大家展示着它那娇嫩的身材。 生 2：像老奶奶爬满皱纹的额头，摸上去很扎手。
联想	芙蓉树长得这么高大，创造着美丽的环境。	我们也像芙蓉树一样，努力学习，绽放自己。
诗句	生 1：芙蓉本作树，花叶两相宜。——宋・宋祁 生 2：舍南舍北种芙蓉，及到秋来次第红。——宋・刘克庄 ……	

（三）成文写

在小组接龙描述的基础上，大家再加上自己的想象和观察，成文。

二、教学案例《美丽的大明湖》

教学目标：

1. 带领学生实地游览大明湖，让学生在游览过程中做好接龙及写作的准备。

2. 通过说话接龙，训练学生把景物特点有条理地说具体、生动，按空间顺序说，体现动态、静态的观察等。

3. 在指导学生作文的过程中，让学生感受大明湖的美以及人文景观的文化积淀，激发对家乡的热爱之情。

学习方式：

小组游览，边观看边指导并随机接龙。

教学过程：

一、导课

导语：一处美景就像一幅画，一首诗，更像一曲令人心动的旋律。大自然物换星移、雨雪云雾，一山一水、一草一木，无不向人们展示着一种美，人们触景生情，或赞扬，或感叹，并用语言文字将这美景及瞬间的感情记录下来，这便是写景作文。那么，如何在这如诗如画般的美景中将那最令人心动的旋律捕捉住呢？今天我们发挥接龙的优势，集聚众人智慧，共同描绘美丽的大明湖。

大明湖是济南的三大名胜之一，现在，我们就去大明湖游览观光并以《美丽的大明湖》为题，来接龙绘景。

二、师生移步换景接龙

（一）汇波楼

师引导	位置	概貌	按空间顺序接龙
生接龙	大明湖东门入门处	生 1：汇波楼是一个古色古香、气势宏伟的两层建筑。 生 2：楼顶上飞檐翘脊，四角高耸。	生 1：楼南侧上方中央横挂一幅巨匾，“汇波楼”三个镏金大字闪闪发光。 生 2：“汇波楼”大匾两侧，雕刻着冉冉升起的红日，旁边有一对翩

续表

师引导	位置	概貌	按空间顺序接龙
生接龙	大明湖东门入门处	生 3：汇波楼雕梁画栋，做工精美。 生 4：汇波楼是一座富有民族特色的建筑物。	翩起舞的仙鹤，仿佛要把这楼阁带入仙境。 生 3：屋檐四角各有龙狮鱼犬等动物，姿态优美，栩栩如生。 生 4：汇波楼内大理石筑成的台阶，在岁月的剥蚀下依然完好无损。拾级而上，就到了汇波楼的顶层。
成语、名言佳句	古色古香 、楼阁台榭、楼阁亭台。 巍然高耸秀千秋，绣锦霓涛一望收。		

（二）大明湖之湖水

导语： 登上汇波楼，看到的最引人注目的景物是什么？

生：登上汇波楼向南望去，便可以看到澄碧如镜的大明湖。

师	湖水	静态美	湖水	动态
生	生 1：湖水碧绿碧绿的，真像一颗绿宝石镶嵌在大地之上。 生 2：湖水真绿啊，绿得仿佛那是一块无瑕的翡翠。 生 3：湖水之绿，绿得晶莹可爱，如“绿猫眼似的”。 生 4：湖水非常平静，就像一面大镜子。		生 1：一阵微风吹过，湖水碧波荡漾，像一匹被揉皱了的巨大的绿缎。 生 2：一阵微风过后，湖面荡起一层层波纹，在太阳的照耀下，湖面波光粼粼，十分美丽。	
成语、诗词佳句	水波不兴、烟波浩渺、波光粼粼。 水光山色与人亲，说不尽、无穷好——宋 · 李清照。 四面荷花三面柳，一城山色半城湖。			

（三）大明湖之荷叶、荷花

导语： 在我们眼前不仅有如此美妙的湖水，看看湖中还有些什么？

生：湖中有荷叶、荷花、小岛、亭子、游船。

<table>
<tr><th></th><th>荷叶（颜色、形状）</th><th>静态美　修辞</th><th>荷叶</th><th>动态美</th></tr>
<tr><td>师生接龙</td><td colspan="2">生 1：密密层层的荷叶绿绿的，圆圆的。
生 2：荷叶挨挨挤挤的，又圆又大。
生 3：静静的湖面上布满了碧翠欲滴的荷叶，像是插满了密密麻麻的翡翠伞似的，把湖面盖得严严实实的。
生 4：那片片荷叶，像撑开的一张张绿伞，有的轻浮于湖面，有的挺立在碧波之上，似层层绿浪，如片片翠玉。
生 5：那荷叶，有的小如碗口，有的大如磨盘，有的卷曲如杯，有的舒展如伞。</td><td colspan="2">生 1：雨过天晴，荷叶上的水珠亮晶晶的，如同宝石一般；一阵风吹过，它们就跳动起来，可爱极了。
生 2：早晨，露珠聚在荷叶中心，像珍珠似的晶莹透亮。用手轻轻摇动荷叶，露珠便在荷叶上滚来滚去，好像小淘气在荡秋千。
生 3：一阵微风吹来，荷叶倾斜了，铜钱大的“珍珠”跌了下来，碎成许多豆大的细珠。它们落到水面上，滚了滚，一头钻进水里，不见了。</td></tr>
</table>

<table>
<tr><th></th><th>荷花（形状、颜色、姿态）</th><th>修辞</th></tr>
<tr><td>师生接龙</td><td>生 1：翠绿的荷叶丛中，亭亭玉立的荷花，嫩蕊凝珠，盈盈欲滴，清香阵阵，沁人心脾。
生 2：荷花的花瓣，粉红如霞，花里托着嫩黄色的小莲蓬，莲蓬向上的一面有许多小孔，里面睡着荷花的种子，周围有一些金黄色的花蕊。
生 3：那荷花有的含苞欲放，有的带露乍开，有的绽葩吐蕊，有的崭露碧冠。
生 4：一阵风吹来，满湖的荷花立即随风舞蹈起来。</td><td>生 1：像一个个披着轻纱在湖上沐浴的仙女，含笑伫立，娇羞欲语；像娇羞的少女，满脸绯红。
生 2：好像美少女的裙子。
生 3：像仙女在翩翩起舞。</td></tr>
<tr><td>诗句</td><td colspan="2">接天莲叶无穷碧，映日荷花别样红。</td></tr>
</table>

接龙评点：

师：这次说话接龙非常精彩。大家描述的景物生动、具体，而且注意了句与句之间的衔接，开头、结尾完整。回家后，请大家发挥聪明才智，进一步润色，写成一篇生动、具体、感人的习作。

1. 抓住景物的特点写

① 抓住具有时令特点的景物写

景物都是因时而异的。同样是一片树叶，春叶嫩绿，夏叶苍绿，秋叶黄绿。同样是雨，春雨细如牛毛，落地无声；而秋雨则是淅淅沥沥，连绵不断，伴随着阵阵秋风，给人一种萧瑟的感觉。这些差异，就是时令特色。习作时，我们要抓住这些具有时令特色的景物从而使文章真实可信，特征鲜明。

② 抓住景物的形状、颜色、姿态、变化等特点来写

自然界的任何一处景物，都有一定的形状、颜色、姿态、变化等特点，我们在写景的过程中，就要抓住这些特点去写，这样才能写得生动、具体。

2. 要按照一定的顺序写

我们描写景物时，要按照一定的顺序写，这样描写出的景物才能层次分明，清晰自然。

描写景物的顺序通常有三种：

① 时间顺序。比如写一处景物，我们可以按春、夏、秋、冬的时间顺序，写出它在各个季节是什么样子的；或以一段时间的先后为顺序来写。

② 空间顺序。这样写时，观察者或作者必须先有一个固定的观察点，从这一点出发以前后左右、高低远近等为次序进行描述。

③ 地点转换顺序，也称移步换景，或参观、游览顺序。即随着立足点的移动写在不同地方见到的景物。

3. 寓情于景，情景交融

写景的目的，不是为写景而写景，它最终的目的是要表达人的情感。抒情要以写景为基础，写景是为抒情服务的。不管是由景入情，还是由情入景，情与景都是密不可分的。并且抒发的感情要真诚、自然，是发自内心的思想感情。一篇优美的习作只有渗透了作者的真情实感，才能更好地表达文章中心，准确抒发作者的情怀。

第四节　语文阅读中的接龙读法

朗读，是语文生命的呈现。现在很多语文课，由于被各种“理念”笼罩，再加上花哨的多媒体课件，一堂课下来，总看见老师不停地翻动课件，似乎整个思维都被课件牵制着，被“理念”左右着，而学生和老师几乎没有翻动过课本。如果没有了对语言文字的朗读，也就没有了语文的味道。

我记得有人曾说：如果你不会教语文，那么就让学生朗读，一遍遍读，学生的语文也不会差。这句话，我们暂且不讨论对与错，但足以说明朗读对于语文这门学科的重要性。

多年来，我的课堂一直有着多种形式的朗读，朗读成了我语文课的主打项目之一。

如三年级上册第21课《大自然的声音》，本单元语文要素是“感受课文生动的语言，积累喜欢的语句”。生动的语言，喜欢的语句，不是单纯通过查阅词典来理解，也不仅仅是老师来讲解，而是让学生通过文本的朗读切身感受到语言的生动，那才会从心底真正喜欢上。请看接龙教学法在语文阅读课朗读中的运用。

课堂朗读片段选取部分

师：我们一起接龙读，再现大自然的声音。

生：好！

师：大自然有许多美妙的声音。风，

生：是大自然的音乐家，他会在森林里演奏他的手风琴。

师：当他翻动树叶，

生：树叶便像歌手一样，唱出各种不同的歌曲。

师：不一样的树叶，

生：有不一样的声音；

师：不一样的季节，

生：有不一样的音乐。

师：当微风拂过，

生：那声音轻轻柔柔的，好像呢喃细语，让人感受到大自然的温柔；

师：当狂风吹起，

生：整座森林都激动起来，合奏出一首雄壮的乐曲，那声音充满力量，令人感受到大自然的威力。

第三段接龙读：

过渡语：除了风是大自然的音乐家。

师（女）：水，

生（男）：也是大自然的音乐家。

师（女）：下雨的时候，

生（男）：他喜欢玩打击乐器。小雨滴敲敲打打，一场热闹的音乐会便开始了。

师（女）：滴滴答答……

生（男）：叮叮咚咚……

师（女）：所有的树林，

生（男）：树林里的每片树叶；

师（女）：所有的房子，房子的屋顶和窗户，

生（男）：都发出不同的声音。

师（女）：当小雨滴汇聚起来，

生（男）：他们便一起唱着歌：

师（女）：小溪淙淙，

生（男）：流向河流；

师（女）：河流潺潺，

生（男）：流向大海；

师（女）：大海哗哗；

生（男）：汹涌澎湃。

师（女）：从一首轻快的山中小曲，

生（男）：唱到波澜壮阔的海洋大合唱。

这一段接龙读，可以分第一遍师生接龙读，第二遍男女生接龙读。每一遍读后，我都要用一两句话来概括或者指点其中的优点或不足，以便于第二遍的朗读更有效果。

过渡语：

师：在大自然美妙的声音里，不仅有音乐家，还有……

生：歌手。

师：动物，

生：是大自然的歌手。

师：走在公园里，

生：听听树上叽叽喳喳的鸟叫；

师：坐在一棵树下，

生：听听唧哩哩唧哩哩的虫鸣；

师：在水塘边散步，

生：听听青蛙的歌唱。

师：你知道他们唱的是什么吗？

生：他们的歌声好像告诉我们："我在歌唱，我很快乐！"

每一段，每一遍的接龙读，目标就是通过朗读再现大自然的声音。让师生的朗读声，成为大自然美妙声音的一种。

这节课，可以说不需要什么课件，如果需要的话，可以把课文的形式改变一下，改成诗歌的形式。

当然，朗读的形式很多，什么样的内容适合"接龙"读，要根据体裁和文章内容而定。总之，朗读在语文课堂中的作用，是其他教学手段所不能取代的。

第五节　英语、数学、美术、体育学科中的运用

接龙教学法不仅在小学优秀传统文化和语文的学习中起到很好的作用，在其他学科中同样发挥着激发学生主动性和提高思维能力的作用。

英语作为一门语言，也适合语言游戏理论，所以也可以用28种接龙教学形式来激活英语的学习。

数学方面，在四则运算尤其是口算题的练习中，同学们可以一起进行接龙口算。

数学的口算需要根据学情分阶段进行。

数学	阶段一	阶段二	阶段三
四则运算	生 1：3+2=5 生 2：5–1=4 生 3：4+4=8	生 1：8–1 生 2：7 、7+3 生 3：10、10–6 生 4：4、4+4	生 1：2 × 3 生 2：6 × 5 生 3：30 ÷ 3 生 4：10+15 生 5：25–4 生 6：21 ÷ 7

美术方面，所用的便是“生字开花”“成语接龙”等。学生的创意作品可以说是百花齐放。

请看实践校济南市青龙街小学二年级《坐井观天》一课手绘版“生字开花”的作品。

作为二年级小学生，能把生字做得如此精美，不能不说是美术的功劳。这里的创意性、想象性等都在一幅幅《生字开花》中尽显。

每每外出做讲座，展示孩子们的作品，都会震惊全场，听讲座的老师们也都让班里的学生来学习模仿。于是手绘版《生字开花》遍地开花，带来了众多的益处：班级文化展示、学生特色作业、校园文化展示、综合实践展示、美术语文整合作业，等等。

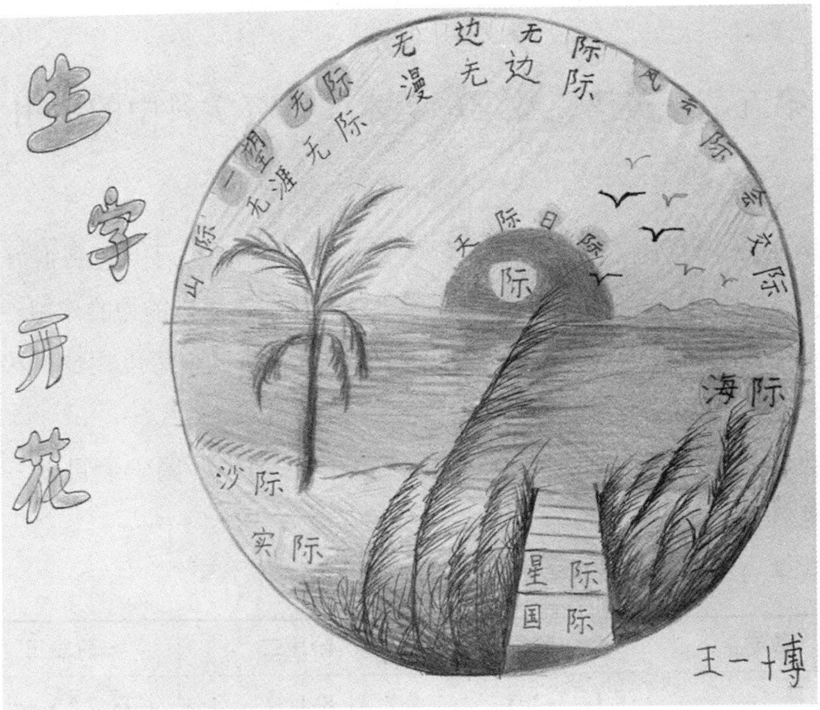
生字开花
无边无际
漫无边际
一望无际
无涯无际
山际
风云际会
交际
天际
日际
际
海际
沙际
实际
星际
国际
王一博

生字开花
喝汤
喝茶
喝酒
喝水
大吃大喝
喝
渴求
干渴
渴望
口渴
渴
望梅止渴
二(5)中队

生字开花
guān
观
参观　观看　观点
坐井观天　走马观花　乐观
观光　壮观　美观　观察
客观　观众　宏观　观赏
叹为观止
察言观色
袖手旁观
二五 李俊德

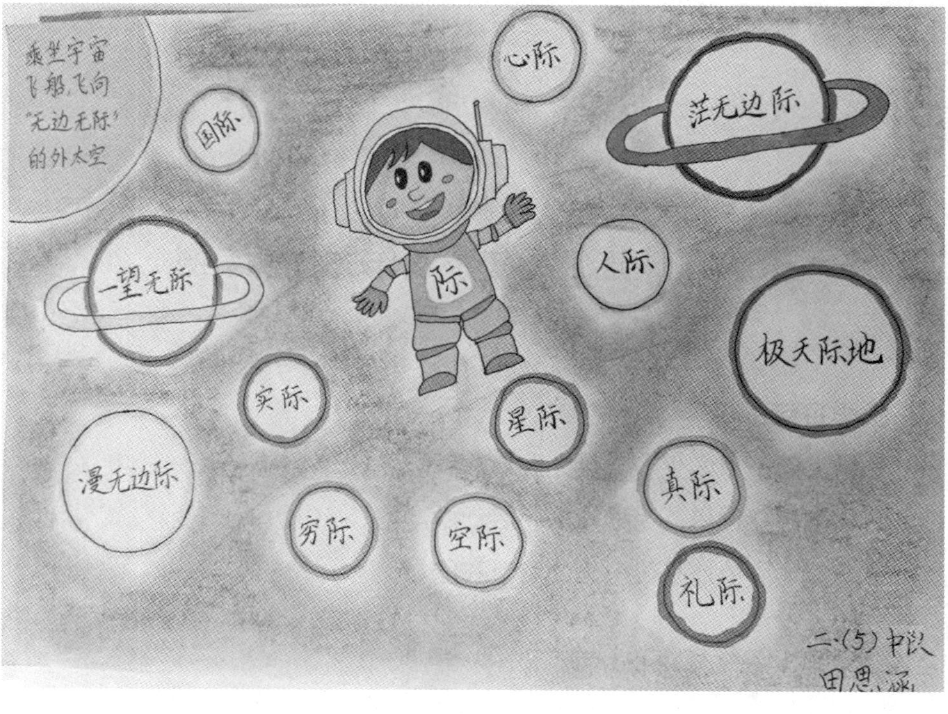
乘坐宇宙飞船飞向“无边无际”的外太空
心际
国际
茫无边际
际
人际
一望无际
极天际地
实际
星际
漫无边际
真际
旁际
空际
礼际
二·(5)中队
田思

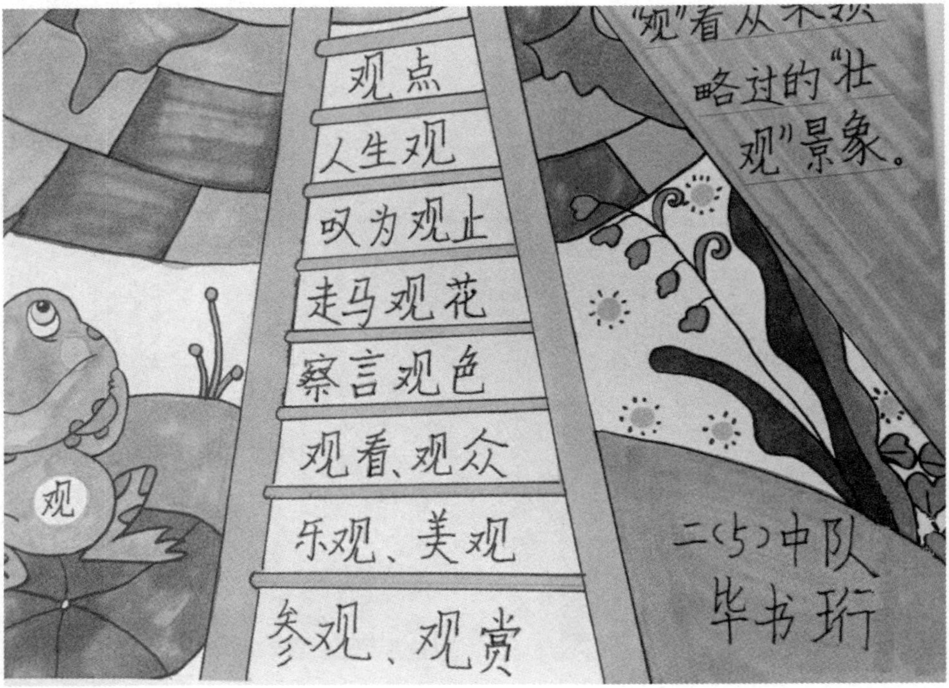

体育方面，可以根据情况开展古诗韵律操和成语接龙韵律操，改变以往课间操的单一形式，成为“文武双全”的课间活动。

第六节　连字成句游戏作文教学案例

教学目标：

1. 激发每一个学生参与接龙游戏的积极性。

2. 体验游戏过程，为描写内心活动做准备。

3. 培养学生快速高效思维的习惯和能力。

教学过程：

一、强调游戏规则

同学们，今天我们玩个游戏，游戏的名字是“连字成句”。

玩好游戏就要遵循游戏规则：

1. 一竖排为一组，每人到黑板上写一个字，接力完成。结果是一句完整的话则赢。

2. 比赛过程中不能交流。

3. 有多组接龙完成整段话的，比赛用时少者赢。

二、分组进行

1. 学生六排，每排6人。

2. 教师三排，每排6人。

3. 采访学生和教师：

比赛马上开始，此刻你的心情如何？

4. 比赛开始：

师生同时进行。

三、习作记录

1. 紧张激烈的比赛结束了，输赢大家一目了然。

2. 请拿起你手中的笔记下从比赛到现在的心情吧。

3. 师生同写。

四、点评

第八章　全方位接龙生字教学

教学上的任何一种改革或者实践，打好基础是必不可少的，尤其是语文学科的课堂改革，让学生练好字是实现改革必不可少的条件。在小学阶段，生字教学一直是最基础的教学任务。有的教师带着学生进行了众多课程创新实践，但是考试结果往往不尽如人意，有的甚至不如老老实实整天只抓课本的教师带的班级考试分数高。这里有两个方面的原因：一是测试考评制度的滞后，一张试卷考不出学生的真水平；二是教师和学生在实践改革中，生字的学习没有使用较好的方法，基础打得不牢。这里给大家提供一个全方位生字教学的好方法——生字开花。

第一节　生字教学亟须改革

从专业角度来说，小学语文教师教学生字，应该掌握“汉字学”的科学知识，熟谙所教汉字的形音义关系。但由于师范院校专业几乎没有开设过“汉字学”课程，使得小学教师们对“汉字学”的知识了解甚少，甚至大多数教师不知道有“汉字学”这门学科。目前识字教学就是死记硬背，结果是高耗低效。目前国内研究生字教学的不是很多，比较有影响的有福建集美大学的金文伟老师的科学识字法，著名教育学者张田若先生的集中识字法等。

以上研究在识字教学领域有一定的成就和推广，但是由于教师在识字教学中普遍缺少完整的知识体系，所以识字教学一直是语文教学中的“老大难”。

作为一名语文教师，不管做什么研究，我认为生字教学是最基本的能力。生字教学目标贯穿整个小学阶段，所以在此，我要把生字教学列在第一位。

其实，我重视生字教学的时间并不长，是在接龙教学法成熟多年后进行的，我曾经无数次后悔自己年轻时没有重视起来。为自己寻找原因，一是上学时没有开设相关的课程，也没有汉字学之类的专业书。工作后，虽然一直教语文，但是听到的是几十年如出一辙的教法：读背生字，再就是加一加，减一减，熟字换偏旁等，似乎一直没有新方法让我眼睛一亮。我自己教的第一个一年级已经是我工作十余年后，对于生字的教学，我除了学习那些老方法外，就是带着学生读背了大量经典之书，用科研的思路来说就是“诵读识字”吧。2003年教第二个一年级时，我开始探索新的识字方法，比如编儿歌来记字，没想到这个方法效果很好，学生们很喜欢，并且也用这个方法记住了容易出错的字。

基于以上经验和认识，本人在经过近三十年的语文一线教学后，推出“生字开花”这一符合学生特点的生字教学方法，全方位科学地探寻生字的学习方法和规律，正确地教授汉字，提高学生的识字效率，从“字源识字”到“巧记”“开花”“结果”“串联激活成段”“六线九点书写”，一步步落实到应用中，起到“高效减负出成绩，过目不忘记生字”的效果。2018年，我和实践接龙教学法的全国三十多所学校的骨干教师共同编写了一套配套教材的《生字开花》丛书，由齐鲁书社出版发行，目前全国上百所学校参与实践。

第二节　全方位学习生字

小学阶段能写一手好字，避免错别字，喜欢习作，不怕检测，为学生大量读背经典文化书籍，顺利进行接龙教学实践作铺垫，这便是开展生字开花教学的初衷。

生字的学习通过以下方面，全方位进行。

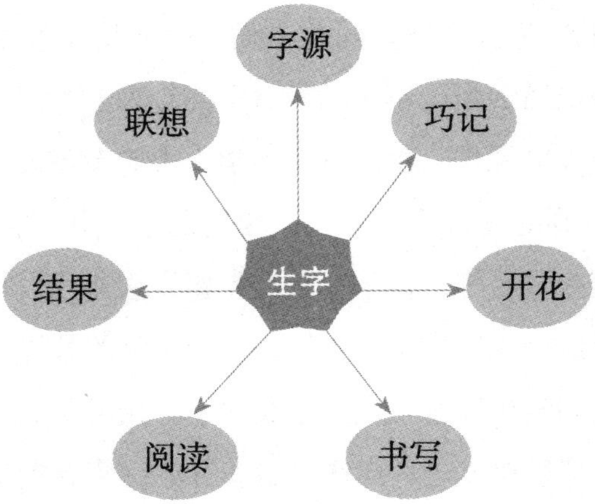

一、汉字巧记高效法

万物有源，汉字同理。生字之所以难学，其中原因之一就是忽略了对字源的学习。语文教材中，只有一年级上册有十几个字的甲骨文，后面的课本中基本没有再出现。其实如果采用汉字字源识字，那将大大提高识字效率。

汉字字根有五百多个，一二年级有三百多个。可以从以下两个方法入手学习。

（一）字源图画

把低年级的生字用字源图画的方法画出来，做到图文并茂，一目了然。

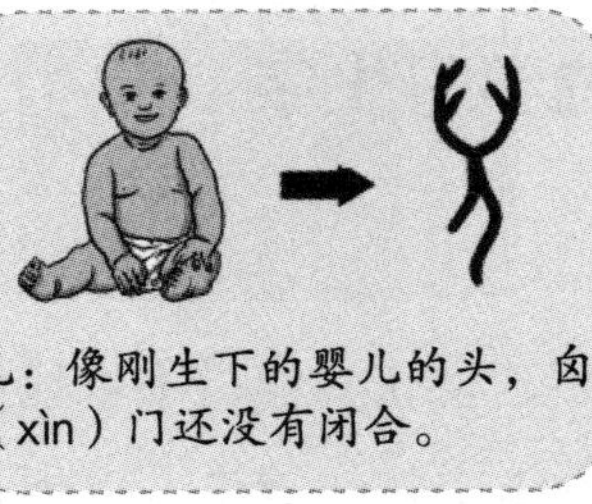

儿：像刚生下的婴儿的头，囟（xìn）门还没有闭合。

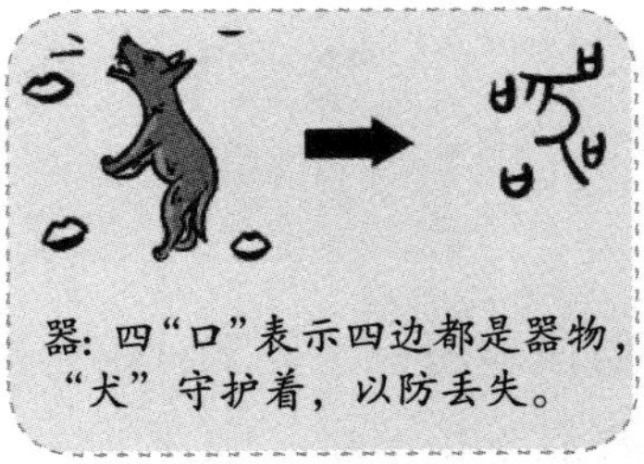

器：四“口”表示四边都是器物，“犬”守护着，以防丢失。

小时候，我不知“器”字为何和“犬”有关系，现在通过字源了解透彻，不由得敬佩古人的智慧。只需要一遍，就让学生过目不忘，并且对汉字有了别样的情感。

一年级有100个生字一类字，我做了100幅字源图画。小学阶段是学生想象力发展的黄金期，他们对这个方法最是喜欢。山西忻州一所实践校，实践三年了，2020年7月我去做讲座，一位班主任惊喜地给我说，她们班一对孪生姐妹就是不认字，通过《生字开花》画图识字的方法，竟然开了窍，对生字有了感觉，测试基本会写。

1. 字根一串法

认识字根，对于识字很有益处，可以一认一大串。

如“隹”字，其字使用频率并不高，但是它有很强的组字能力，我们从字源开始谈起。

隹

鸟头是“隹”的“点”笔，四横和一竖表示“鸟”张开的羽翼和鸟背，左侧单人旁表示鸟的身体。于是后面和“隹”有关的一连串的字应之而生。

（1）“隹”作意符字

表示鸟的动态的：

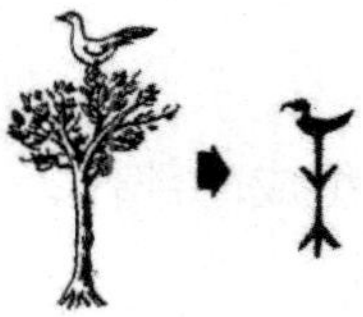
集

表示鸟的名称的：雀、雁、鹰、鹤、雕、鹳。

表示鸟的性别的：雄、雌。

表示鸟飞的声音：霍（天空下着雨，鸟努力张开翅膀飞行，会发出

“霍霍”的声音；又是拟声词，如“磨刀霍霍向猪羊”）。

表示鸟的形态：焦。上面鸟，下面火烤，鸟被烤焦了。由“焦”又引申出一串汉字“蕉、樵、瞧、礁、憔”。

（2）“隹”作声符字

维、唯、惟、堆、帷、谁、推、锥、崔、催。

对字根“隹”进行开花：

隹：作意符

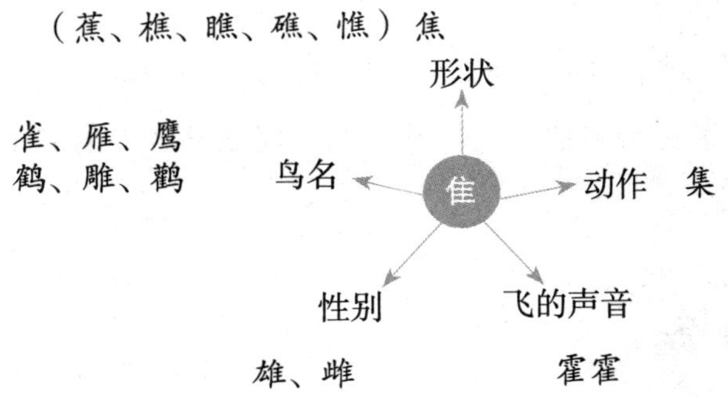

字根串串记法，这个方法根据字根，有条理地记忆，可以一记一大串，效率高。适合总复习和有一定基础的情况。

（二）生字巧记

生字巧记是《生字开花》中的一至三年级中的一个栏目，是我针对低年级学生识字能力较弱，而创设的一个办法。巧记，重在“巧”上下功夫。虽然有时候不一定符合“字理”，但对于有些字却有着别样的效果，同样可以让学生过目不忘。

1. 部件拆分法：这个方法不考虑字理，按照汉字组成的部件，结合汉字的意思组织语言，语言里含有部件和汉字的基本意思。

如：

“豪”：由“家”和“一”“口”三部分组成，而“家”下面是“豕”（“猪”），于是可以说“家里有一口猪，很自豪”。

“孩”：部件拆分为“子”和“亥”，可以理解为“孩子出生都是从子时到亥时”。

“封”：由两个“土”和“寸”组成，可以理解为“土再多，寸土也不让，疆土封住”。

互：“等于号、小于号、大于号，从来不吵架，互相团结是一家。”多美啊！

起：“起来，走自己的路去。”

松：“松树（木）很公平，四季都长青。”

腾：“头戴两朵花，二人骑马回娘家，待了一个月。”

懦：“心里时刻需要他人帮助，真是懦弱。”

汉字几千个，能找出几百个难记字的巧记办法。汉字巧记，从某种意义上，也可以说彰显了汉字的文化内涵。

2. 字源巧记法

球：美玉（王）可遇不可求。美玉一般为圆形。

3. 儿歌法

儿歌法，这是属于根据字形而编的小儿歌、顺口溜。这个方法的好处是简单、好玩，孩子们喜欢，尤其将汉字的组成部分加上汉字的组词一起编入其中，效果更好。

园：小狗口含一元钱，大大方方进公园。

骄：小马和小乔，从来不骄傲。

诱：言语优秀，循循善诱。

模：树木莫要随便砍，争做环保小模范。

二、“生字开花”快速积累词汇

什么是生字开花？即围绕一字为中心，进行组词，每个词中含有这个字。学生借助“开花”的形式可以把每个生字组成更多的词，尤其是学会了查字典后，每个生字一般都能开出很多朵“花”来，学生的词汇量如雨后春笋般增长。

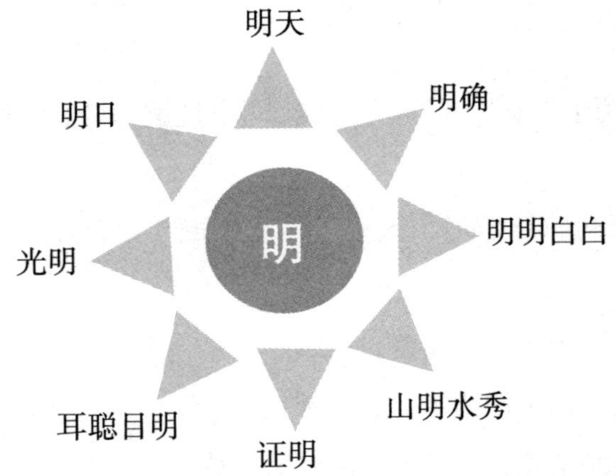

（一）生字开花形式

生字开花形式一般分为“口语式”和“手绘版”两种，这是由字到词的训练。

1. 随文生字开花——“口语式”生字开花

一般用于课堂中，用本课生字进行口语开花，方便快捷。在上阅读课时，如果有公开课，可以设计学生和老师们行词语飞花令。

如：一年级识字《画》一课，选取三个生字“水”“去”“来”进行开花。设计每排一个进行开花，比赛开花数量，一般一个字开花30朵左右。

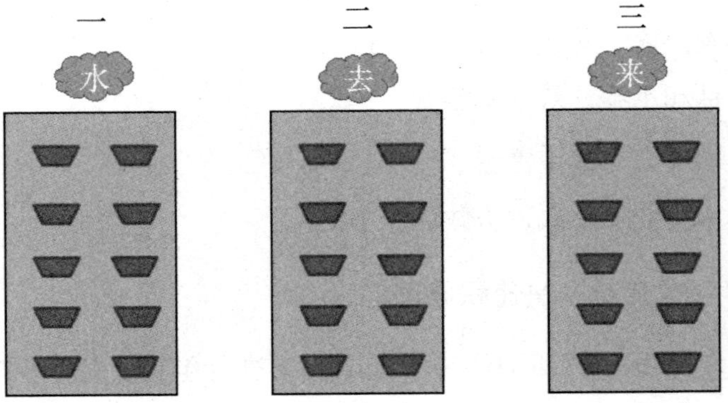

学生示意图

一排开“水”字花，二排开“去”字花，三排开“来”字花。

规则：每一排开花时，声音必须洪亮，让其余同学都听见，其他排不能讲话，要认真听。等开花排结束后，统计开花数量，其他两排再补充开花，所开数目加在自己排。

2. “手绘版”生字开花

所开生字内容可以是最近所学生字，也可以是偏旁部首开花，也可以是成语开花（即选取字所开的花，全部为成语）。

偏旁部首开花：这是总结复习的极好方法。

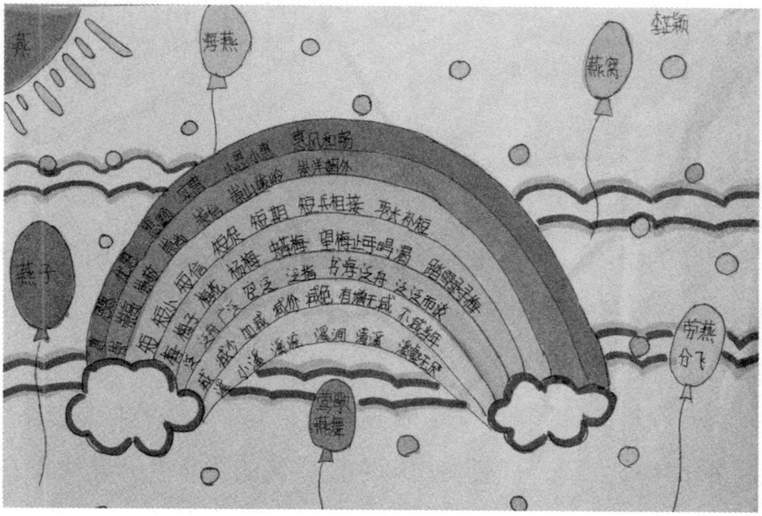

3.《生字开花》丛书中的开花

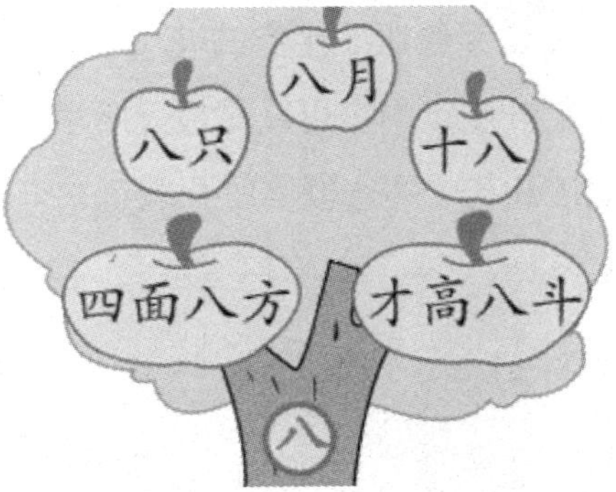

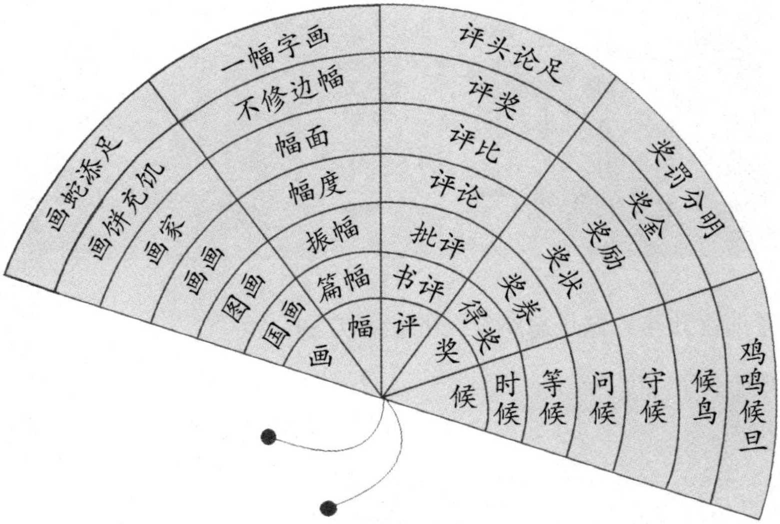

随着课文的学习，学生每天读读生字开花，不仅能够积累大量词语，对于以后的语言发展，也起着非常重要的作用。

（二）生字开花的意义

1. 生字开花能大量积累词汇，快速丰富语言，为习作做铺垫。

经过多年实践发现，一般使用频率比较高的生字，开花大都在30个左右，少的15个左右。三个生字，能开花大约100个词语，时间6分钟左右。如此日积月累，学生的词汇量就会如雨后春笋般丰富起来。另外，开花往往与课本教材同步，对于理解课文内容也是一种促进，尤其为后期的说话、写话、习文做了很好的铺垫。

三年级开始写作文，但很多学生无话可写，主要原因还是一二年级读书太少和词汇积累匮乏，没法用较好的语言来描绘所见。

2. 促进自主自发学习。

因为有竞赛的元素，所以每个孩子都是开花的主人，很多同学会提前在家和家长进行开花，积极地提前备词。有的家长也乐此不疲地在家和孩子一起开花，甚者写在书上，让孩子读。这种自发的学习行为是一种乐趣，也是生字开花一大特色。

3. 成为多种检查加分的好助手。

在生字开花实践过程中，我们只要将平时的工作做好留档，就可以轻松应付各类检查评比。因为用《生字开花》这本书学生字，既可以将其做综合性学习手册，也可以当特色作业。“手绘版生字开花”当特色作业的同时，还可以作为班级文化建设的张贴画，可以是平铺的，可以是剪纸形状，横挂起来，竖挂起来，五彩缤纷，赏心悦目。

（三）学生和家长对“生字开花”的反响

1. 学生感受：我和词语一起成长。

“词语接龙”我很喜欢，特别是比赛接龙，我既紧张又兴奋，听得特别认真，脑子也在快速反应；平时读书时，我更注意书上的词语了，尤其是“生字开花”让我由一个生字，认识了好多字——我和词语一起成长。（2010级2班，张珂馨）

2. 家长的感受：低年级最适合“词语接龙与开花”。

“兴趣是孩子最好的老师”，我记不起这句话是谁说的，但金昭这段时间在语文学习方面的表现，正好印证了这句话。有次开花，金昭做了近一个小时。我问他累不累，他说：“看到自己的作品这么好看，我很快乐、很骄傲、很自豪，我觉得自己很了不起，再说了，我喜欢开花的工序，好玩，我喜欢做就不觉得累。”我又问他：“‘词语开花’对你有什么好处？”他说：“能让我记住更多的词和成语，对学画画也有帮助。还有，我知道同学们也很厉害，我就得多努力，要不就落后了。”自从开展“词语开花和接龙”活动以来，孩子对语文学习表现出前所未有的热情。（2007级5班，金昭家长)

三、由字到句的训练

真正地学习生字，不仅要会读会写，而且还要会用。

在生字教学中，如何把生字放在句子中应用？这一步也是全方位学习生字的关键之处。我在《生字开花》丛书中设计了“开花结果我来摘”栏目，即在开花后，让学生运用所开之“花”进行编句子训练（原为“造句”），这是由字到词再到句子的训练。

单独一个字，只有会应用了，才是真正学会了。在一系列的句子训练中，给生字创设语言使用环境，生字的学习才真正落地。

四、生字活用练思维

这是一个闯关游戏，是用本课所学生字重新编一段话。这个环节是由生字到段和篇的训练过程。

课文生字，字与字之间，本是不相干的，如果能够重新编写一段话，用上所学生字，那就需要开动脑筋，发散思维。这一有意识地运用过程，就是把“字”变成“词”的过程，然后再自然成“句子”，最后成了“篇”。这样的方法，能激发学生思维，展开想象。这对于中低年级来说，是锻炼语言思维的一个极好的方法。

例如：二年级《坐井观天》一课，一类生字有8个：井、答、观、沿、喝、渴、话、际。

展开想象，编写一段话：

一位老人，手扶船沿，望着无边无际的大海，自言自语道：“喝什么最解渴呢？”话音刚落，只听有人答道：“当然是龙井或者铁观音。”

多么有趣的一段话啊，既有情境，又有意境，这8个一类字巧妙地贯穿其中。

当然，在这一环节中，未必将所有的生字都编上，应根据能力和情况逐步应用。

五、生字活动记诗词

在学习生字的过程中，能和诗词相联系，这也是一个创新。不仅学习了生字，更主要的是借助该字带出诗词，在温故知新的同时又能学习新的经典文化。

第三节　六线九点式书写生字

写一手好字是人人向往的事情，赏心悦目，增加自信，考试加分……就其一生来说，都是一笔不小的财富。那么如何在小学阶段下笔写规范字呢？

目前好多学生书写潦草，即便在田字格里依旧写得大大咧咧，跑出格子来。而老师的招数也不多，对着字帖练练练，可结果还有一部分学生的字依旧没有提高。

问题出在哪里？小学生使用的田字格一般是12mm见方，而有的是11mm见方，而一般规范字大小在7mm左右。田字格空间大，如何在田字格中进行规范书写呢？

常规书写教学是占格，占格是一个粗浅的概念，因为笔尖约有1mm的长度，起笔处的占格面，要远大于笔尖面，对于六七岁的孩子来说很难用眼睛估量起笔处的准确位置。比如“文”字（），第一笔是“点”，写在上竖中线，但是上竖中线大约6mm长，1mm的笔尖很难找到起笔处。第二笔是横，如果说占格，也很难讲出横的起笔和收笔处，尤其横在汉字书写中都是倾斜而向上书写的。

为了让学生能一目了然找到起笔和收笔处，这里首先把田字格继续“规划”，在田字格中添加上下横中线和左右竖中线，于是田字格成为“六线九点16格”，让学生记住9个点的位置。汉字形状基本趋向于方块字，这六线九点就是汉字笔画的参照点，就在这位置中或者略微偏一点点。

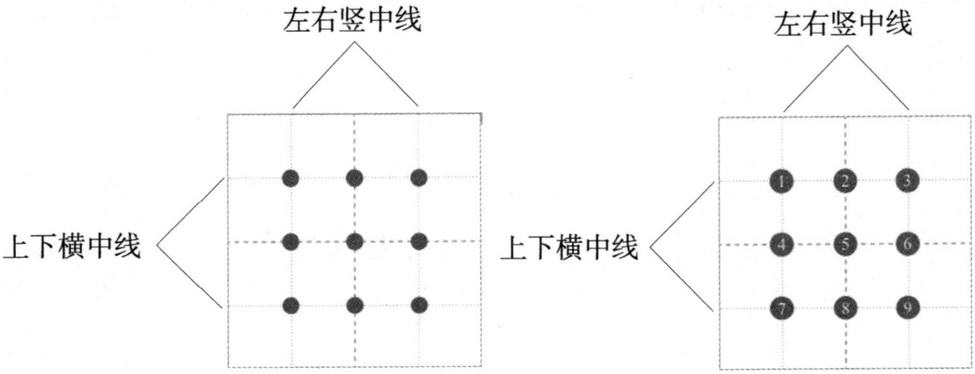

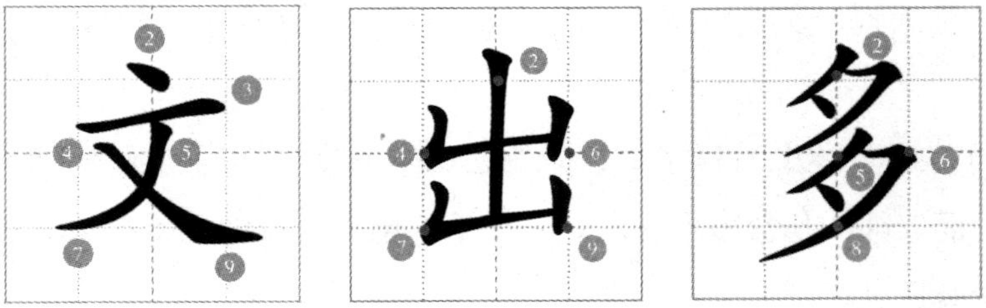

看“文”字第一笔，毫不犹豫直接点在点2的位置。其他笔画也都能比较准地找到起笔和收笔。

六线九点式书写可以给老师减负，同时也给学生减负。

一、节省看作业的时间

我看生字作业，一般不会超过一刻钟，因为几乎全对，规范又美观。看作业的时间，都是在课堂上，一边看着学生书写，一边批阅已经完成的作业。学生拿着打开的《生字开花》排队，随看随走。有个别孩子书写不美观的，顺便面批。

二、养成一丝不苟的习惯

因为作业书写是用的六线九点式书写，为了写好每一笔，学生必须看清六线九点的位置，在这样的要求下，自然养成了一丝不苟的习惯，做事认真仔细，不随心所欲。

三、自觉完成假期作业

2020年上学期，因疫情原因一直线上学习，直到6月2号才开学。当看到孩子们从书包中拿出《生字开花》作业时，我怀着一种忐忑的心情。我不敢确保每一个孩子都还会像在学校里一样书写认真。但是，当我一本一本打开，一页一页翻阅时，我感动了，感动年仅七八岁的孩子如此认真地对待学习，这种学习态度，让我感到欣慰、幸福。6月3号，我就把同学们本学期在家写的一本本《生字开花》全部批阅完毕，且留下了许多感动。

感动一：

部编语文教材二年级下册前六个单元生字书写，一群二年级的娃，全班只错了一个字（浇）。这是我在教学生涯二三十年间前所未有的。

感动二：

几乎每一个孩子的作业从头到尾都用正楷认真书写（只有个别孩子，因特殊原因没有达到）。

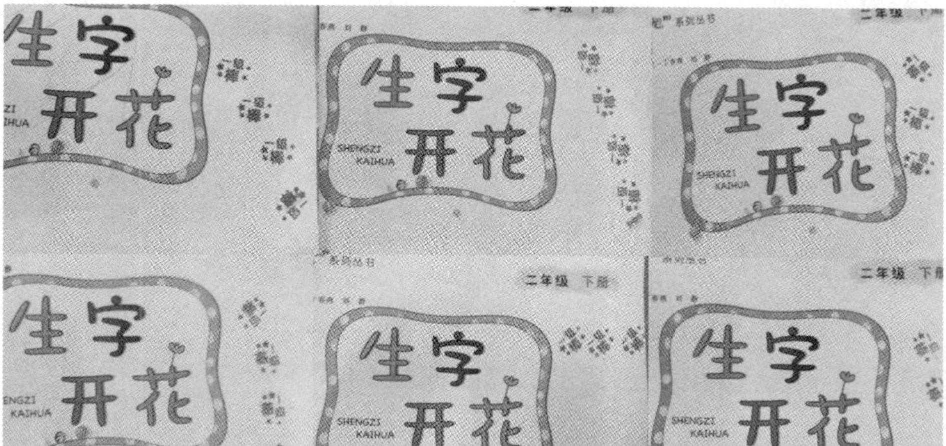

看准笔画和位置，
平心静气写好字。

书写要点：第三笔是竖，右边部分的"匕"要先写撇，再写竖弯钩，叠叠的两个"匕"是上小下大。

néng

能	néng 月部 10画 左右结构	能	能	能	能	能
		能	够	能	够	能

书写要点：第一笔竖与中间部分相连没有间隔，"木"在下格。

zhuō

桌	zhuō 木部 10画 上下结构	桌	桌	桌	桌	桌
		书	桌	书	桌	桌

书写要点：右边"未"第二横要比第一横长，不能写成"末"。

wèi

味	wèi 口部 8画 左右结构	味	味	味	味	味
		美	味	美	味	味

大小的不同

买	mǎi 一部 6画 上下结构	买	买	买	买	买
		买	菜	买	菜	买

书写要点：里面三短横距离均等，不与横折相连，最后一笔是点。

jù

具	jù 八部 8画 上下结构	具	具	具	具	具
		工	具	工	具	具

笔顺：一十廿廿甘
书写要点：居于田字格中央，左竖从左上向右下略微倾斜，右竖从右上向左下略微倾斜，形成一种开合呼应关系。

gān

甘	gān 甘部 5画 独体字	甘	甘	甘	甘	甘
		甘	甜	甘	甜	甘

书写要点：书写时尽量向中间靠拢，避免结构松散，第二笔横从横中线起笔，稍微向上斜。

tián

甜	tián 舌部 11画 左右结构	甜	甜	甜	甜	甜
		香	甜	香	甜	甜

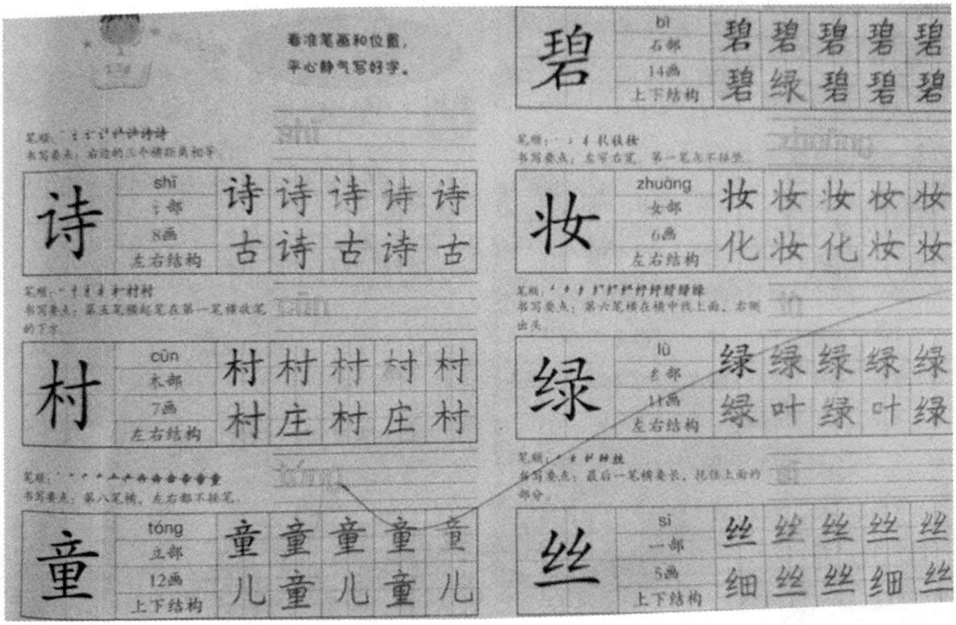
看准笔画和位置，
平心静气写好字。

书写要点：右边的三个横距离相等。

诗	shī 讠部 8画 左右结构	诗	诗	诗	诗	诗
		古	诗	古	诗	古

书写要点：第五笔横起笔在第一笔横收笔的下方。

村	cūn 木部 7画 左右结构	村	村	村	村	村
		村	庄	村	庄	村

童	tóng 立部 12画 上下结构	童	童	童	童	童
		儿	童	儿	童	儿

碧	bì 石部 14画 上下结构	碧	碧	碧	碧	碧
		碧	绿	碧	碧	碧

书写要点：左窄右宽，第一笔点不拐弯。

妆	zhuàng 女部 6画 左右结构	妆	妆	妆	妆	妆
		化	妆	化	妆	妆

书写要点：第六笔横在横中线上面，右侧出头。

绿	lǜ 纟部 11画 左右结构	绿	绿	绿	绿	绿
		绿	叶	绿	叶	绿

书写要点：最后一笔横要长，托住上面的部分。

丝	sī 一部 5画 上下结构	丝	丝	丝	丝	丝
		细	丝	丝	细	丝

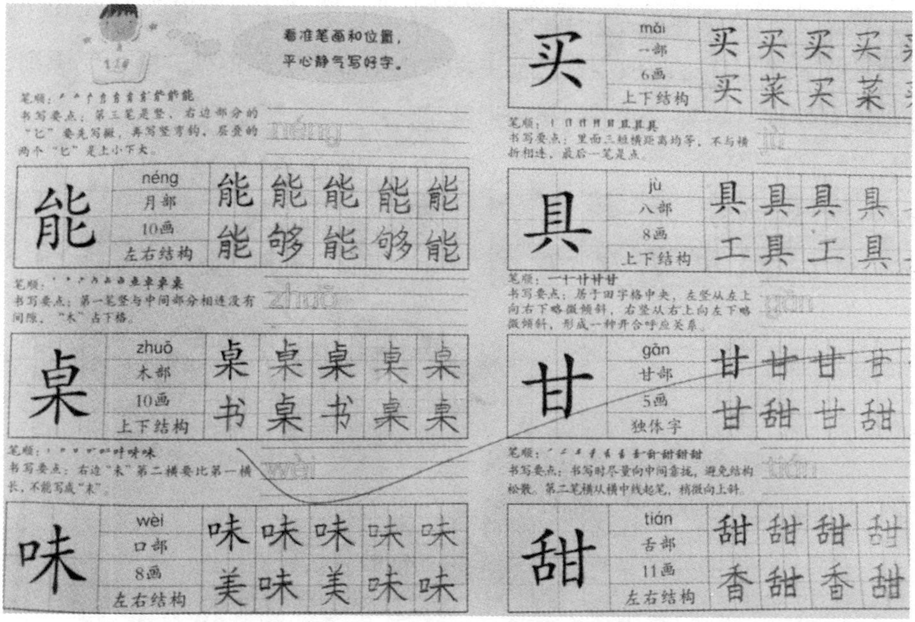
看准笔画和位置，
平心静气写好字。
书写要点：第三笔是竖，右边部分的“匕”要先写撇，再写竖弯钩，层叠的两个“匕”是上小下大。
能 néng 月部 10画 左右结构
书写要点：第一笔竖与中间部分相连没有间隙，“木”占下格。
桌 zhuō 木部 10画 上下结构
书写要点：右边“未”第二横要比第一横长，不能写成“末”。
味 wèi 口部 8画 左右结构
买 mǎi 一部 6画 上下结构
书写要点：里面三短横距离均等，不与横折相连，最后一笔是点。
具 jù 八部 8画 上下结构
笔顺：一十廿廿甘
书写要点：居于田字格中央，左竖从左上向右下略微倾斜，右竖从右上向左下略微倾斜，形成一种开合呼应关系。
甘 gān 甘部 5画 独体字
书写要点：书写时尽量向中间靠拢，避免结构松散。第二笔横从横中线起笔，稍微向上斜。
甜 tián 舌部 11画 左右结构

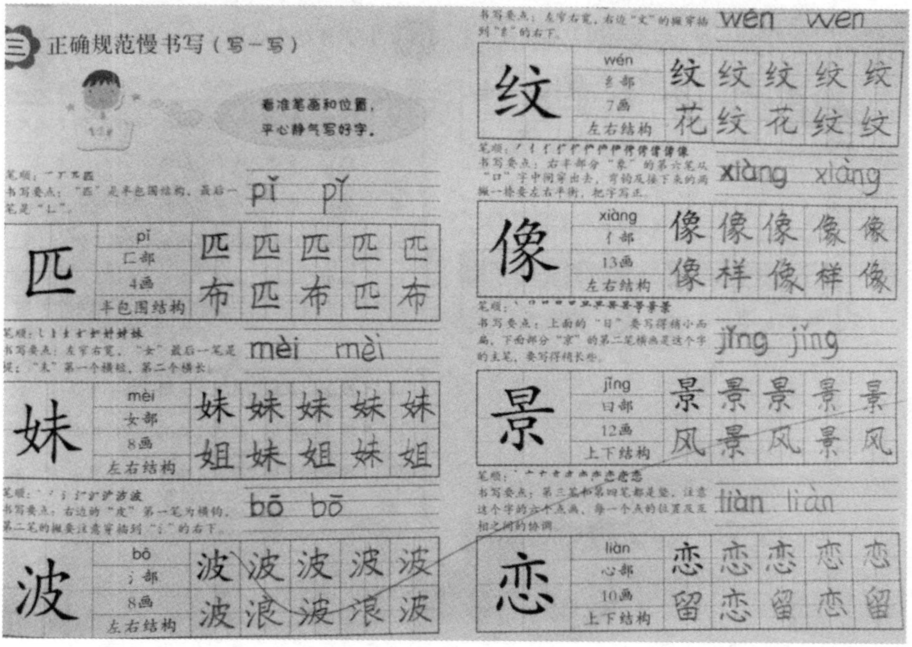
三 正确规范慢书写（写一写）
看准笔画和位置，
平心静气写好字。
书写要点：“匹”是半包围结构，最后一笔是“乚”。
匹 pǐ 匚部 4画 半包围结构
书写要点：左窄右宽，“女”最后一笔是提；“未”第一个横短，第二个横长。
妹 mèi 女部 8画 左右结构
书写要点：右边的“皮”第一笔为横钩，第二笔的撇要注意穿插到“氵”的右下。
波 bō 氵部 8画 左右结构
书写要点：左窄右宽，右边“文”的撇穿插到“纟”的右下。
纹 wén 纟部 7画 左右结构
书写要点：右半部分“象”的第六笔从“口”字中间穿出去，弯钩及撇下来的两撇一捺要左右平衡，把字写正。
像 xiàng 亻部 13画 左右结构
书写要点：上面的“日”要写得稍小而扁，下面部分“京”的第二笔横画是这个字的主笔，要写得稍长些。
景 jǐng 日部 12画 上下结构
书写要点：第三笔和第四笔都是竖，注意这个字的六个点画，每一个点的位置及互相之间的协调。
恋 liàn 心部 10画 上下结构

感动三：

除了书写认真规范外，还有好多同学进行了“生字开花”补充和“开花结果我来摘”，这两项作业之前主动做的很少，假期遵循“减负”原则，我也没有安排。结果，孩子们悄悄地做了。

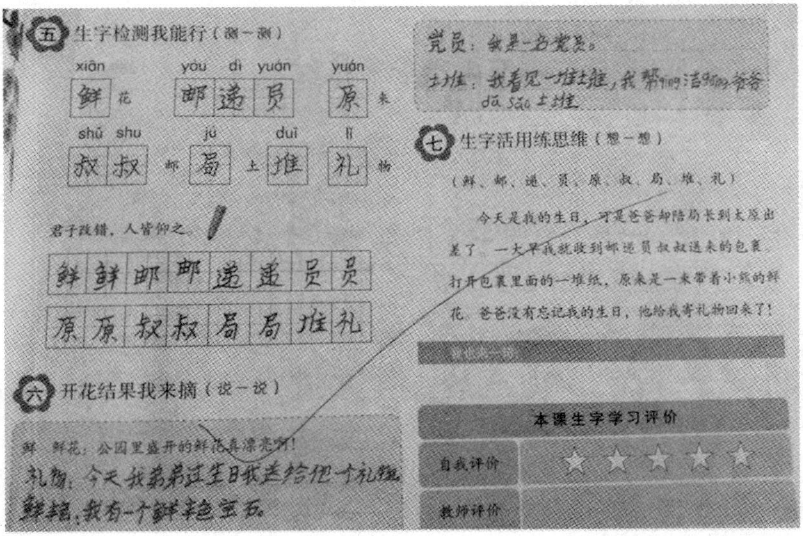

五 生字检测我能行（测一测）

xiān 鲜花　yóu dì yuán 邮递员　yuán 原来

shū shu 叔叔　邮 jú 局　土 duī 堆　lǐ 礼物

君子改错，人皆仰之。

鲜鲜邮邮递递员员

原原叔叔局局堆礼

六 开花结果我来摘（说一说）

鲜　鲜花：公园里盛开的鲜花真漂亮啊！

礼物：今天我弟弟过生日我送给他一个礼物。

鲜艳：我有一个鲜艳色宝石。

党员：我是一名党员。

土堆：我看见一堆土堆，我帮bāng 清qīng 洁jié 爷爷 dǎ sǎo 土堆。

七 生字活用练思维（想一想）

（鲜、邮、递、员、原、叔、局、堆、礼）

今天是我的生日，可是爸爸却陪局长到太原出差了。一大早我就收到邮递员叔叔送来的包裹。打开包裹里面的一堆纸，原来是一束带着小熊的鲜花。爸爸没有忘记我的生日，他给我寄礼物回来了！

我也来一句：

本课生字学习评价	
自我评价	☆☆☆☆☆
教师评价	

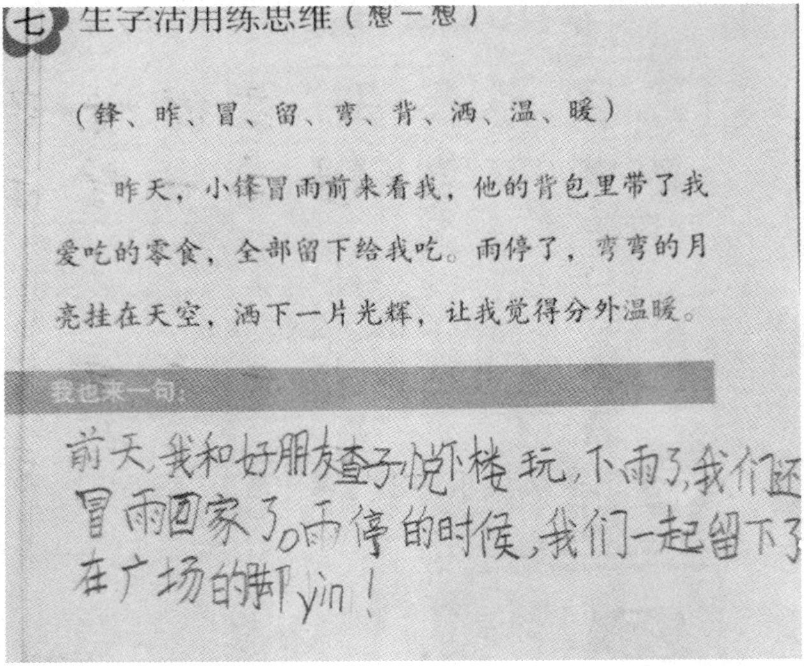

七 生字活用练思维（想一想）

（锋、昨、冒、留、弯、背、洒、温、暖）

昨天，小锋冒雨前来看我，他的背包里带了我爱吃的零食，全部留下给我吃。雨停了，弯弯的月亮挂在天空，洒下一片光辉，让我觉得分外温暖。

我也来一句：

前天，我和好朋友查子悦下楼玩，下雨了，我们还冒雨回家了。雨停的时候，我们一起留下了在广场的脚yìn！

第四节　《生字开花》丛书使用详解

一问：《生字开花》是一套什么样的书？

答：《生字开花》是国内首创全方位学习生字的工具书，设计有字源、巧记、书写、开花（扩词）、检测、结果（应用）和活用（联想）等栏目，覆盖从字到词到句到段的整体训练。一句话，是一套集识字本、生字本、练字本、作业本、口语说话本、造句本于一体的多功能用书。

二问：《生字开花》有什么效果？

答：高效、减负、出成绩。人人写好规范字，杜绝错别字。可以起到过目不忘记生字的效果，不用老师天天听写，抓住字的第一印象入脑入心。

三问：《生字开花》是课上使用还是课下使用？

答：低年级在课上使用；高年级在前面使用的基础上，可以放在课下，但尽量课上完成。

四问：课文如何安排？

答：语文教学，每课一般是两个课时完成教学任务（特殊情况除外）。

第一课时学习课文内容。我一般这样做：

晚上预习：低年级不留书面作业，但是口语作业不可少，认读第二天要学习的课文中要求会认的字。读读课文、绘本等。

第一课时：认课文中要求认识的字。小方法支招：讲字故事 、小孔漏字。

讲读课文（处理课文内容）。

五问：《生字开花》就放在学完课文内容后的第二课时？

答：对，课文学完了，可以静下心来专门学写生字。安排在第二课时，使用《生字开花》学习要求会写的字。

方法就按照《生字开花》的栏目逐一进行。

六问：每个栏目是如何进行的？

答：栏目一：生字认读求本源。学生根据图找出字的模样即可，老师领着读一下。低年级还可以用笔在图上画出字的模样。（一年级上册每个生字配一幅图，需要5分钟左右时间）

栏目二：生字巧记小秘密。老师领读，学生边读边食指书空。（5分钟）

栏目三：正确规范慢书写。这一个栏目需要的时间最长。

栏目四：生字开花朵朵艳。一年级上学期老师领读。男女生接龙读。

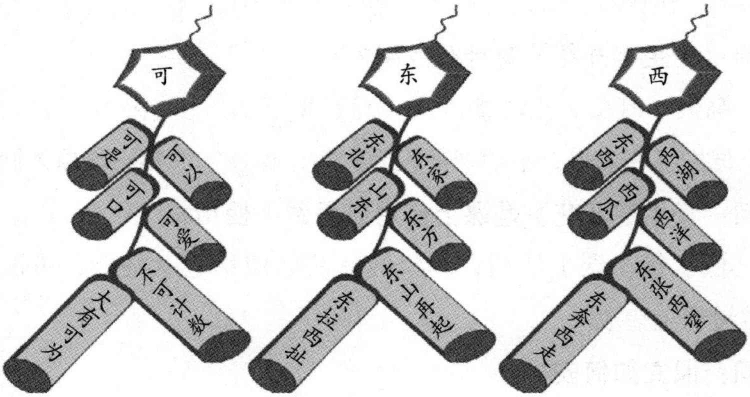

七问：是一个一个生字指导吗？

答：一年级上学期或者刚开始使用的班级需要一个一个地指导书写。老师指导着每一个字每一笔的书写（课件指导）。一开始指导一个字，写一个字，先描红粉红色的字，然后再自己临摹。具体看好六线九点。写得不规范的，擦掉重新写（养成一丝不苟的习惯）。可以把写得好的和有问题的随时投影，进行指导。后期，学生对于此方法熟悉了，就可以自行书写，老师就很轻松了。

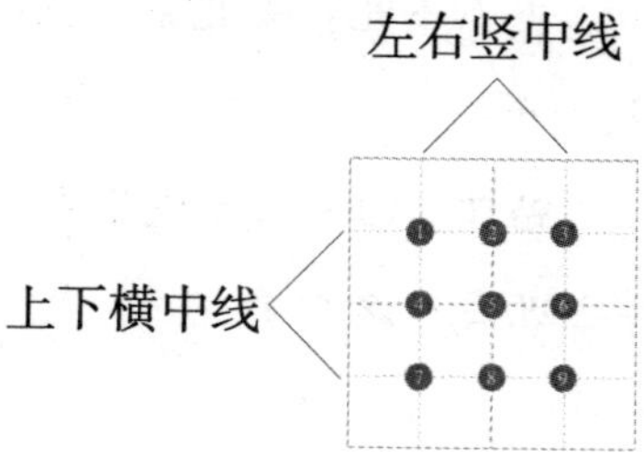

八问：如果有写得慢的怎么办？

答：如果有写得慢的可以先跟着描字，后面的空能写几个算几个，课余的时间再写。

九问：后面的检测什么时间进行？

答：一般是放在本单元或者全册学完后复习检测用；有错的就在“君子改错，人皆仰之”下面再写几遍。

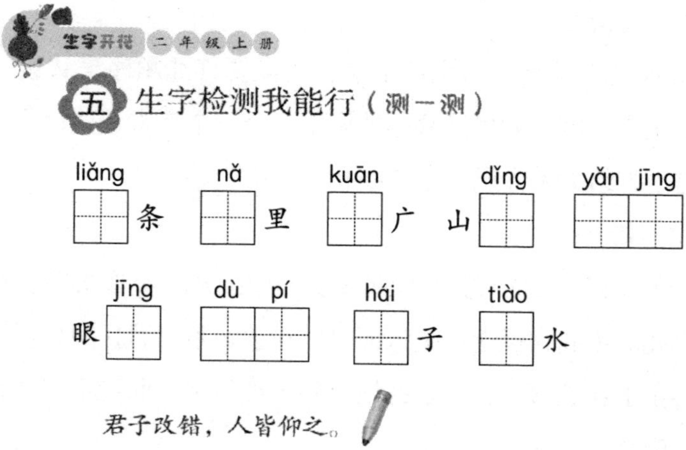

十问：一节课，《生字开花》时间不够用怎么办？

答：栏目四、六和栏目七，一开始在课堂上指导着用，慢慢地可以演变为回家和家长们一起说，说了几句就用数字写在横线上。

中　中国：我是一个中国人，我爱中国。

五：______　立：______　正：______

女　女儿：女儿是妈妈的小棉(mián)袄(ǎo)。

开：______

备注：四～六年级设有“生字活用学诗词”“课文抄写集好句”等，供学生巩固本课所学。

第五节　小孔识字法

小学生的记忆力惊人，一堆没有关联的生字，读几遍后就能按照顺序背下来，这就是童子功。小学语文课本二类字上面有拼音，大家在老师的带领下，按照顺序一遍一遍读，几遍下来，合上书都背过了，就像一首诗。这就是所谓的“背滑句”。

如果考查是不是真正认识这个字，还需要打乱顺序来认读。但是，书上的二类字是固定的，如何能够单独调出一个一个字来认读，不让字“滥竽充数”？这里，给大家介绍一个“小孔识字法”。

制作工具如下：

找一个硬卡纸，2厘米宽、10厘米长的硬纸条，类似书签。在纸条的一端，打上小孔。小孔直径七八毫米即可，在读认生字后，同桌可以拿出小纸片，在二类字上随意移动，在小孔里单独出现生字，而看不到注音。如果能快速认出，就是认识这个生字了。

平时这个纸条可以放在铅笔盒里，也可以夹在书里。回家后，家长也可以拿出来检查孩子是否真正认识生字了，不至于再听孩子读背滑句了。

小孔识字法，简单，方便，实用性强。

第六节　第十一届全国名家人文教育高端论坛暨名师课堂研讨会

——《生字开花》(小猴子下山）课堂教学实录

学习内容：

学习“块、非、常、往、瓜、进、空”等生字。

学习目标：

1. 会写、会用本课一类字。
2. 根据生字进行开花。
3. 利用本课所学生字说一句或几句话。

教学策略：

1. 甲骨文识字法。
2. 男女生和师生比赛词语飞花。
3. 六线九点式书写。
4. 生字活用练思维，激活思维。

师：昨天和同学们学习了《小猴子下山》这篇课文的内容，今天我和大家一起学习生字开花。这篇课文一共7个生字。

生：（齐读）块　非　常　往　瓜　进　空

师：再读一遍。

生：（齐读）块　非　常　往　瓜　进　空

师：这些字是要求我们会写的，我们先看一下我们的老祖宗是怎么造这些字的。万物有源，看看这是什么字？

出示课件：甲骨文“飞”“非”。

生：飞。

师：这两个字“飞”“非”，读音一样，但不是一个字，它们都是小鸟飞的形状。这个“飞”字是我们第一课学的“飞”，它是根据鸟的形状来造字，横折弯钩，撇点代表两个翅膀，组成了“飞”字；而这个“非”字，同样是一只鸟的形状，主要突出它的一对翅膀相对，后引申为“明辨是非”。

师：我们一起手写——食指伸出来。

生：我就伸出来。

师：竖、横、横、横、竖、横、横、横。“非”字鸟的翅膀相背，引申为违背，和“是”相对，表示错误的，如大是大非。这两个字大家记清楚了吗？

生：记清楚了。

师：出示课件——甲骨文“瓜”。大家根据物象，猜这个字是什么？

生：（齐说）瓜。

师：（指着课件图片）这是瓜藤，里面是个瓜。这个瓜由甲骨文转变为金文。学习生字，除了字源，我们还创编了生字巧记小秘密。其他字我们怎么记，一起来读。

生和师齐读：

非：左竖三横，右竖三横，记住非字，非常有用。

常：小字头（⺌），秃宝盖（冖），口水巾，常常戴。

往：两人（彳）主动往来，友谊之花常开。

进：莫往井里走（辶），进去出不来。

瓜：短撇长撇竖提点，一个瓜子在下面，瓜藤一捺在右边。

块：左边小土块，右边一个夬（guài）。

空：穴宝盖，下面工，齐天大圣孙悟空。

师：（食指伸出来）再读一遍，一边慢慢读，看到红字动手写。

生：我就伸出来。

非：左竖三横，右竖三横，记住非字，非常有用。

常：小字头（⺌），秃宝盖（冖），口水巾，常常戴。

往：两人（彳）主动往来，友谊之花常开。

进：莫往井里走（辶），进去出不来。

瓜：短撇长撇竖提点，一个瓜子在下面，瓜藤一捺在右边。

块：左边小土块，右边一个夬（guài）。

空：穴宝盖，下面工，齐天大圣孙悟空。

师：再读一遍，放开嗓子，愿意手写就边读边手写，愿意放开嗓子读就大声读。

生：齐读。

师：（板书“夬”）这个字，横折横，下面一个“大”字，这个字在《易经》里面是一个夬卦。我们又学习了一个字，同学们把它记住。

师：我们接下来看看这些生字宝宝能开出多少花来，先来看看我们常用的字。打开书，轻轻把书端起来，齐读《生字开花》。

生：块：石块　一块　土块　方块　铁板一块　大卸八块

非：南非　非常　非凡　非法　是非分明　非同小可

常：经常　常识　正常　常常　非同寻常　知足常乐

往：来往　以往　过往　向往　古往今来　一往无前

瓜：瓜地　冬瓜　西瓜　瓜果　老王卖瓜　瓜田李下

进：进去　进行　进入　前进　日进斗金　得寸进尺

空：空心　天空　空手　空气　晴空万里　一纸空文

师：同学们声音非常响亮，把书轻轻放下。生字开花不仅仅局限于这六个——两个四字词四个两字词。其实平时我们积累了很多词，下面我们来玩一个游戏，生字开花比赛，在开始之前复习一下游戏规则。

生：1. 认真听，

2. 大声说，

3. 快速想，

4. 不重复。

师：做到的举手。（生齐举手）请下面的老师从本课7个生字中挑出三个生字和学生比赛。（话筒递向卢校长）

卢校长：常、瓜、进。

师："常"——师生比赛，"瓜"和"进"——男女生比赛。老师们、同学们抓紧时间想。"瓜"男生，"进"女生。

老师说一个，学生说一个。

台下师：非常。

一生：异乎寻常。

台下师：无常。

一生：非常。

台下师：经常。

一生：常常。

台下师：往常。

一生：常在河边走，哪有不湿鞋。

台下师：常说。

一生：喜怒寻常（喜怒无常）。

台下师：失常。

一生：三纲五常。

台下师：常回家看看。

一生：知足常乐。

台下师：正常。

一生：老生常谈。

台下师：长年累月。

一生：常胜将军。

台下师：常来常往。

一生：常委。

台下师：经常。

一生：笑口常开。

台下师：万古长青。

一生：寻常。

台下师：常记溪亭日暮。

师：老师说了一句带诗的，我们也来一句。

一生：旧时王谢堂前燕，飞入寻常百姓家。

台下师：故常。

一生：人之常情。

台下师：常州。

一生：常识。

台下师：日常。

一生：胜败乃兵家常事。

台下师：常恐秋节至。

师：又是一句诗。

一生：积习生常。

台下师：民心无常。

一生：寒梅最堪恨，常作去年花。（掌声）

台下师：异乎寻常。（观众：说过了）

师：说过了吗？

台下观众：说过了。

台下师：常备不懈。

一生：打破常规。

师：（鼓掌）好，非常棒！

台下师：常来常往。

一生：喜怒无常。

台下观众：说了。

师：说了，来，再补充一个。

一生：非同寻常。

（台下观众：说了）

师：再补充一个。

一生：家常便饭。

师：常务，常理。

一生：非常棒。

（台下哗笑）

师：（鼓掌，笑）非常棒。

一生：万里悲秋常作客。

师：百年多病独登台。

台下师：人生不如意事常八九。

一生：哭笑无常。

师：对，有如意，有不如意，所以哭笑无常，对不对？

师：好，分出胜负来了吗？

台下师：常记溪亭日暮。

（台下观众：说了）

师：说了，来。

台下师：何事长向别时圆。

师：这个没说，对不对？

台下师："转朱阁，低绮户"中的。

师：好。

一生：动静有常。

师：接着说。

一生：习以为常。

师：好，还有没有？

台下师：天行有常，不为尧存，不为桀亡。

一生：习常。

师：什么？

一生：习常。

师：习以为常就是习常吗？

（台下哗笑）

师：你看，我们的孩子都开始造词了。

台下师：常读常新。

一生：反常。

师：还有没有？

台下师：常想一二不思八九。

师："常想一二不思八九"是一句非常有哲理的话。

一生：乐口常开。

一生：常胜将军。

师：说过了，常胜将军。（师扶生椅背说往前移一下）

师：好，咱们现在分不出胜负来了，怎么办？

师：我们要进行下一轮吗？

生齐答：不要。

师：还要进行吗？来，刘老师往前走一走。咱们就限在前三排吧，行不行？

（众人点头）

师：好。

师：就在前三排还近一些，我们的孩子听起来还清楚一些。离远了，听起来不是很清楚。

师问台下师：还有没有？

台下师：常记溪亭日暮。

师：重复。

生齐数：5，4，3。

台下师：反常。

师：什么呀？反常。说了吗？谁说的？（看向生）

师：来，谁说？来说一个没有说过的。

一生：常胜将军。

师：说过了。

一生：家常便饭。

师：说过了。

一生：常常。

师："常常"也说过了。

师：再想一个。

一生：三纲五常。

师：说过了。

一生：异常。

一生：猛志常在。

师：哦，这个没说过。

师：看来我们一时难以分出胜负。这样吧，我们接着进行下一个吧，怎么样？

生齐答：好。

师：咱们刚才就算打个平局吧，好不好？

生齐答：好。

师：好，就是平局了。来，同学们，给台下的老师鼓掌。

（齐鼓掌）

（课件上出示：瓜）

师：好，下一个，我们让台下的老师看我们男女生比赛。准备好了吗？

生齐答：准备好了。

师：好，时间咱们分别是一分半钟。来看着表。要开始了，在一分半钟内看男生开出多少朵花来？

一生：一瓜共食。

一生：滚瓜烂熟。

一生：瓜田李下。

一生：种瓜得瓜，种豆得豆。

一生：瓜熟蒂落。

一生：老王卖瓜，自卖自夸。

一生：老王卖瓜。

师：重复。

一生：西瓜。

一生：瓜李之嫌。

一生：捡了芝麻丢了西瓜。

师：好。

一生：瓜熟蒂落。

师：重复。

一生：冬瓜。

师：好。

一生：京口瓜洲一水间，钟山只隔数重山。

师：真好，背了一句诗。

一生：青门种瓜。

一生：滚瓜烂熟。

其他生：说了。

一生：傻瓜。

（众人哗笑）

一生：瓜田不纳履，李下不整冠。

师：好，非常棒。

一生：种瓜黄台下，瓜熟子离离。

师：好。

一生：哈密瓜。

一生：瓜子。

师：时间快到了吧？

一生：楼船夜雪瓜洲渡，铁马秋风大散关。（掌声）

师：非常棒。

一生：立瓜。

一生：瓜剖豆分。

师：好。还有没有？

一生：西瓜。

师：说了吗？西瓜？

（部分生：没有）

一生：甜瓜。

一生：切瓜。

一生：脑瓜。

师：还有没有？

一生：瓜地。

一生：瓜果。

一生：种瓜花台下。

师：“种瓜花台下”？是“采菊东篱下”吧。（笑）牵引得很好。

一生：吃西瓜。

一生：菜瓜。

一生：一瓜共食。

一生：泊船瓜洲。

一生：大瓜。

一生：仨瓜俩枣。

（台下哗笑）

师：对对对，仨瓜俩枣！

师：好，还有没有？一分半钟到了没有？

一生：黄瓜。

一生：呆瓜。

一生：苦瓜。

一生：东门种瓜。

一生：傻瓜。

师：说了。

一生：金瓜。

一生：种瓜得瓜，种豆得豆。

齐说：说了。

一生：南瓜。

一生：香瓜。

一生：地瓜。

师：好，记了吗，多少个了？

（一师摇头）

师：哪个老师记了？都没记，咱们就叫“不计其数”好不好？

生：好。

师：好。男同学开了个不计其数的瓜，讲了那么一大片的瓜，真是大丰收。

师：好，咱们接着看，女生“进”字，看看能开出多少花来。

（对工作人员说：这次咱们记一记好不好）

师：来一分半钟，好了啊，看看能开多少花。

一生：百尺竿头更进一步。

一生：进步。

一生：进口。

一生：得寸进尺。

一生：进路。

一生：不思进取。

一生：学如逆水行舟，不进则退。

一生：招财进宝。

一生：跳进黄河洗不清。

一生：寸进尺退。

一生：进门。

一生：知难而进。

一生：进来（来读的二声）。

师：进来（轻声）是不是。

一生：进士。

一生：进退两难。

一生：里出外进。

一生：进去。

一生：进进出出。

一生：稳步前进。

师：咱们就到这里为止吧。

（一男生举手）

师：你还想补充一个。

一生：将进酒，杯莫停。

（掌声）

师：你太棒了！

师：男生还有没有补充的。

一生：举头并进。

师：是齐头并进。

一生：大举进攻。

一生：突飞猛进。

师：好，同学们坐好。要是这样的话，我们到下课也说不完。因为我们平时做了大量的积累。好，接下来我们来看一看。（课件出示生字书写）字，我们不光要记得牢，还要写得好，是不是？

生：是。

师：好的，我们看这个字“空”。来，小手伸出来。

生：我就伸出来。（学生伸出右手食指）

师：看着这个字，看到十六宫格九点，我们数一下。来。

（师起头：第一笔是点1）

生齐说：（食指书空笔顺）第一笔是点，第二笔是点，第三笔是横钩，第四笔是点，第五笔是点，第六笔是横，第七笔是竖，第八笔是横。

师：好，谁讲一讲这个字怎么写呢？如果这个黑板看不清楚的话，就可以看一下《生字开花》。来讲一讲，第一笔是点，点在哪里？

生：点2的位置。

师：嗯，点2的位置，好。我们毫不含糊地干什么呀？（生说：点）哎，点。

师：第二个“点”的时候呢？点到哪里来？

一生：点到左竖中线。

师：点到左竖中线是不是？好，第三笔横钩，在哪里收笔？

生齐答：右竖中线。

师：对，右竖中线。（拿着话筒和老师一起说）

师：到右竖中线收笔，然后呢？下面的第四笔和第五笔都在哪里呢？都在横中线上起笔。来，看下面的这一横是短横，下面的竖在哪里写呀？

生：竖中线。

师：对，竖中线，写到哪里截止呢？

生：点8截止。

师：对，写到点8截止。

师：最后一笔是从哪里起笔？

生：点7的下方。

师：点7的下方，对，顿笔。好，来，我们一起说：笔尖斜斜按，轻轻上右行。穿过点8到点9，顿笔再回收。（生跟谈，食指书空）

师：好，写得漂亮不漂亮？

生：漂亮。

师：好，写得肯定漂亮，非常漂亮。同学们写下来。

生：（本上书写）

师：坐正。（师巡视指导坐姿）

师：描两个，写一个。好，同学们已经写完成了。我们看下一个字。写完的同学把头抬起来。描两个写一个，写好的把笔放下，净手。

（生放下笔坐正）

师：来，同学们，看这个字。（课件出示“常”）

师：这个“常”字是本课生字当中笔画最多的一个。来，抬起头来。

我们一起看，第一笔怎么写呀？

（把话筒给一学生）

师：来，小手伸出来。

生：我就伸出来。（右手食指伸出）

师：第一笔从竖中线，来，你们自己说，来。

师生齐说：从竖中线起笔，穿过点2。

师：然后呢？点，小撇，都在哪里？

生：都在上横中线。

师：对不对，然后秃宝盖这一点，点在哪里？

生：点到左竖中线。

师：对，然后横钩到哪里呀？

生：到右竖中线。

师：到竖中线，收笔，下边一个“口”是扁口。扁口要写在横中线的上一点。下面一个“巾”。在写竖的时候呢，是一个什么竖？

生：悬针竖。

师：对吗？

生：垂露竖。

师：对了，这是一个短的垂露竖。短竖垂露竖。横折钩，竖，横折钩，都在下横中线的上方，然后最后一笔从哪里起笔？

生：从点5。

师：对，从点5起笔，然后在竖中线中穿过点几？

生：点8。

师：穿过点8。这是什么竖？

生：悬针竖。

师：悬针竖。好，这个字的笔画比较多一些，同学们写一下。

（生拿笔书写）

师：来，描一描。（巡视）

师：坐直了，身体放正。（巡视及时纠正坐姿）

师：好，写好的同学请坐好。

师：（走到一生旁）写得非常好，真漂亮。（巡视）

师：同学们写得非常漂亮，非常规范。

师：好，把笔轻轻放下。咱们回家再写，好不好？

生：好。

师：哎，咱们回家再写，字写得会更加漂亮的。来，咱们看一下，这些生字，我们能不能用上几个字，来说一句话。这七个字，看谁能用上得多。赶紧想。把这几个字迅速地编一句话，看能用上几个，多多益善。来，想好的同学请举手。

一生：我看见了一块石头。

师：嗯，我看见了一块石头。

一生："瓜"，我们家的西瓜长得真大呀！

师：嗯，用了一个瓜。来，谁能用上两个？

一生：我去一块石头上，看到非常美丽的天空。

师：在石头上看见了什么呀？

一生：非常美丽的天空。

师：站在石头上。

生：我站在一块儿石头上，看见了一片非常美丽的天空。

师：来，我们看看这是用了几个字呀？"块"，然后是"非""常""空"，用了四个。非常棒，好。

一生：今天天气非常好，妈妈带我去爷爷家，我刚进门就看到桌上有一块很大的西瓜。

师：这是用了几个？用了五个。了不起！

一生：我和爸爸看到天空上大雁南飞。

师：好，很好。

一生：我看到一块石头，我站在石头上，往下看，看到一片海，海里空空的没有垃圾。我（停顿，不知怎么说）

师：把话说完整。

一生：我又看见一片瓜地，我向瓜地跑去，然后，抱回了家。

师：什么抱回了家呀？

生：瓜。

师：“瓜”，你是不是都把词用上了呀？对不对？

生：还有“空”。

师：还剩下一个“空”，好。很了不起。

一生：今天我一回家，看到门外有一个很大的石头。

师：好，谁来接着说？

一生：今天我非常高兴，因为我回家的时候，看见妈妈在切一块西瓜。我非常高兴，就跟昨天我一进门的时候，桌子上空空的，就差了很多。

师：好！看看今天上完课回家，是不是会有西瓜。好不好？同学们，我们今天的课就到此结束，把东西整理好。

（生收拾东西）

一生：起立。

生：老师再见！

第九章　接龙教学法实施方案

第一节　接龙教学法1~2年级实施方案

年级	学期	实施内容		实施办法
		基础手写部分	读背经典内容部分	
一年级	上学期	1.《生字开花》	1.《统编版小学生必背古诗词 112 首大闯关》	1.《生字开花》课堂使用 2. 经典：先听音频（书配有音频），再读背。每天根据学情背一首（晨背、晚上读背）
	下学期	1.《生字开花》	1.《统编版小学生必背古诗词 112 首大闯关》 2.《十二生肖故事》《成语接龙大闯关》	1. 寒假继续读背《统编版小学生必背古诗词 112 首大闯关》 2. 学期中穿插进行。一年级暑假继续读
二年级	上学期	1.《生字开花》	1.《成语接龙大闯关》 2.《走进经典——说话接龙》	1. 每周一字龙，闯 1~7 关 2. 按照季节背诗词部分
	下学期	1.《生字开花》	1.《走进经典——说话接龙》	1. 成语背诵，每周 1~2 个字龙。晨读，晚诵 2. 古诗词按照季节读背
备注说明：学生入校，从古诗词到成语循序渐进，穿插进行。每本书的具体实施方法见《丁惠臻接龙教学法研究与实践》一书。				

第二节　接龙教学法3～4年级实施方案

年级	学期	实施内容		实施办法
		基础手写部分	读背经典内容部分	
三年级	上学期	1.《生字开花》	1.《走进经典——说话接龙》 2. 每天一句主题《论语》	1.《生字开花》课堂或者午写时使用 2. 经典：主题接龙古诗词按照季节读背，成语部分继续（中学部分内容） 3.《论语》孝悌篇、君子篇
	下学期	1.《生字开花》	1.《走进经典——说话接龙》中的中学古诗词背诵即“主题诗词”	1. 主题《论语》部分，按照主题读背 2. 复习一二年级所背诵的经典。小学、中学、高中古诗词全部完成
四年级	上学期	1.《生字开花》	1. 复习《成语接龙大闯关》 2.《爱上小古文》	1. 闯 8~10 关 2. 小古文部分，先听每课的音频，晨读一起读背。晚上回家上传背诵。两天一篇
	下学期	1.《生字开花》	1. 复习《走进经典——说话接龙》 2.《爱上小古文》 3. 读红色经典或者名篇、名著	1. 成语背诵，每周 1~2 个字龙。晨读，晚诵 2. 小古文部分，先听每课的音频，晨读一起读背。晚上回家上传背诵。根据情况背诵
备注说明：每本书的具体实施方法见《丁惠臻接龙教学法研究与实践》一书。				

第三节 接龙教学法5～6年级实施方案

年级	学期	实施内容		实施办法
		基础手写部分	读背经典内容部分	
五年级	上学期	1.《生字开花》	1. 复习《走进经典——说话接龙》 2.《爱上诗经》 3. 读经典小说	1.《生字开花》课堂或者午写、晚写时使用 2. 经典：复习成语、古诗词。读《爱上诗经》，听音频，能读或者背
	下学期	1.《生字开花》	1. 读背《道德经》 2. 读经典小说、散文	1. 主题《论语》部分，按照主题读背 2. 复习一二年级所背诵经典。小学、中学、高中古诗词全部完成
六年级	上学期	1.《生字开花》	1. 复习《统编版小学生必背古诗词 112 首大闯关》 2.《爱上论语》 3. 读经典小说	1. 闯关应用。复习整个小学阶段古诗词 2. 根据实践情况合理安排
	下学期	1.《生字开花》	1. 复习《走进经典——说话接龙》 2. 复习《爱上小古文》 3. 读红色经典	1. 成语背诵 2. 做小古文部分归纳明理 3. 利用《生字开花》对小学阶段多音字进行复习
备注说明：每本书的具体实施方法见《丁惠臻接龙教学法研究与实践》一书。				

第十章　接龙教学法实践情况反馈

第一节　实践教师感言

高效提质又减负的接龙教学法

（济南市章丘区圣井街道中心小学　孟宪丽）

我是一所农村小学的语文老师，几年来，我和我的学生开展了接龙教学法的实践，下面简单介绍一下具体情况：三年级的时候我认识了丁老师，了解到她是一位爱教育，紧跟时代步伐，钻研教育教学的好老师，所以我就跟学生实践了她编著的《成语接龙大闯关》这本书。我根据书中介绍的节拍法，带领孩子们在节奏中快乐地学习成语，半个学期，孩子们就掌握了600个成语，孩子们课间活动的时候不自觉地就背了起来。很多学生还获了奖，初学作文就用上了四字成语，我感觉孩子们获得了很大的进步。

四年级时，我又跟孩子们实践《统编版小学生必背古诗词112首大闯关》这本书。这本书分类学习古诗，让孩子们能够在以后的习作中准确应用，所以大家学习兴趣浓厚，如获珍宝。每天早上或中午的见面礼就是互相背诵一首新学的古诗，然后握握手才走进教室，放学的路上也背诵古诗。一年来很多学生能做到全本背诵，家长们高兴地对我说："孟老师，我家孩子都快成小诗人了，一见面第一句话就用古诗词跟我对话啦！"

五年级时，我又和学生实践《爱上小古文》这本书，家长们一直支持，还连连收到信任、称赞的话语。起初我跟孩子们先扫二维码听读，然后我领读，再找读得好的同学领读，久而久之就把孩子们带进去了，带进去之后我再给孩子们带上动作去读，读熟后就安排开展比赛。元旦那天我们班开展的《爱上小古文》比赛，好多学生背得熟，背得准确。另外，我还安排同桌一个读古文，一个读白话文，这样古文的意思就明白了，一举两得，收获多多，将来上了初中对于学习古文会起到很大帮助作用的。

接龙教学法，让我感受到什么是“减负提质”，让我这个年过半百的老教师都浑身充满力量，乐此不疲地和学生们打成一片！

我眼中的“说话接龙”

（山东省潍坊市临朐县蒋峪镇海尔希望小学　张永萍）

我们的学校是山东潍坊最偏远的一所农村小学，坐落在沂山脚下——临朐县蒋峪镇，我是这个学校里一名最普通的教师。接触“说话接龙教学法”，与丁老师相识，是在2018年秋天，我带领我们学校一行6人去济南聆听了丁老师的一次“说话接龙”的报告，结交了一群志同道合的朋友。

一接触到“说话接龙”，我就兴奋不已：一是我发现这种教学模式能够很好地解决语文教学中阅读、记忆、积累、写作等众多方面的问题；二是我发现这种教学模式有很好的群众基础，很多教师都用过其中的部分教学方式；三是我发现这种教学方式有着教师易把握、易上手，学生易接受的特点；四是我发现这种教学模式能够真正获得学生们的“青睐”，让学生“乐不思蜀”“欲罢不能”。

从济南回来，学校领导陈校长就让我们传统文化小组立刻开始带头实践“说话接龙”。四年来，我们学校所有语文老师一直走在学习“说话接龙”的路上，从未停止。我们利用早读和延时服务，采用各种形式开展“说话接龙”，学生们喜欢，老师家长都高兴。

“说话接龙”顺应了孩子们的天性，让孩子们在游戏中展开学习，整个课堂充满了活力与激情，很好地激发出孩子们学习的主动性和积极性；同时也很好地培养了孩子们的语文素养，听、说、读、背、思辨、合作，把语文教育和人格教育自然地糅合在一起，让语文教学的“文”与“道”实现了比较完美的结合。

随文识字学成语，润物无声

（北京交通大学附属小学　张东云）

我长期从事1～3年级的语文教学。自2019年开始，我与同学们一起实践“生字开花、词语接龙”识字法。同学们人手一本《生字开花》，识字时离不开“词语接龙”游戏。

我发现，生字开花+词语接龙，对“双减”政策下低年级识字写字学习有很大帮助。

1.《生字开花》里有生字本源，给了孩子一把根据字理识字的钥匙。看着文字演变，感叹古人造字的奇思妙想，在传承中华优秀传统文化中学习生字。

2.《生字开花》中幽默、有趣的“生字巧记小秘密”小栏目，打破了重复抄写记忆字形的刻板印象，引导孩子观察字形细节，结合生活经验，创编口诀，从而主动建立字音、字形的联系。

3. 从生字开花到词语接龙、开花结果，从生字到词语到句子，全员参与，在趣味游戏中，完成生字的语言运用与积累。

4. 尤其是通过随文识字，和传统文化结合起来，在不知不觉中走进了传统文化，字带词，词中有成语、名言佳句，真是润物细无声。

第二节　历届学生感言

转眼已经毕业18年了，我已从北京大学毕业进入银行系统工作。一路走来，丁老师的教导都深深地影响着我，给予我扎实的语言功底和表达能力，尤其是丁老师教授的成语接龙，极大地丰富了我的词汇和语言，令我加深了对中华优秀传统文化的认知，这使我受益终生，谢谢亲爱的丁老师。

——1998级学生 韩青

1998年我进入历城区实验小学，2004年从小学毕业。当我在键盘上敲下这句话的时候已经过去了18年。

小学生活是最美好的孩童回忆，在这段回忆里最难忘的是丁惠臻老师，是老师创新的语文课教学——说话接龙课。在课堂上，我学懂了语文，练习口语技巧，积累文学知识，而后背诵经典文学——后来我考取了山东师范大学的播音与主持艺术专业。经历了保研，最终考入北京人民艺术剧院工作，担任北京人民艺术剧院团支部书记，负责戏剧项目统筹。从事戏剧工作，自然离不开真诚的交流，离不开语言和文字，中华优秀传统文化给予我坚强的后盾。作为一名新时代的文艺工作者，我发现我这一生都离不开语文，离不开传统文化，我热爱它，而这份热爱源于当年丁老师创立的接龙语文课堂，它让我知道何为自信，让我学会认真去说，乐于去说。

——1998级学生 亓华琛

回想起小学时光，猛然发现已经过去了21年。我从大学一直硕博连读，毕业后成为高校的一名法学专业老师。丁老师是我的恩师，在我还是天真烂漫的懵懂少年时，丁老师的语文课程教授给我诗词歌赋、名言警句，甚至是人生哲理，这为我日后的逻辑学习和论文写作打下了坚实的基础。感谢您的教导！我会接过您的接力棒，继续为祖国的未来传授知识，为教育事业贡献自己微薄的力量！

——2001届毕业生 韩旭

丁老师，我已是初三的学生了，越来越想念小学时您带我们开展的说话接龙、故事接龙、成语接龙，每堂课都是“玩”得不亦乐乎，总是在意犹未尽中听您说“下课”。是您把枯燥的课堂变成了学习的乐园，使我们有了大量的知识储备，初中三年学习的每一篇古诗词都能浮现出您在课堂上与我们一起“玩”的画面。您经常说，腹有诗书气自华，学生永记在心。不负诗书，不负师恩。

——2013级学生　邓馨怡

第三节　历届家长感言

此刻女儿正在飞往美国加州大学伯克利分校的飞机上。孩子能有现在的学习机会，要非常感谢丁老师，感谢老师的成语接龙和“诗词接龙大满贯”、《论语》等国学知识的积累。从小学一年级到六年级，这6年的成语、诗词、文学语言的积累，带给了孩子很多的财富。大家都了解，语文学习好，语文成绩就好，但你是否想到数学成绩好也是需要建立在语文好的基础上的？读懂题，会读题，能理解题，才能做对题。

由于有了小学6年的优秀传统文化积累，才有了孩子现在的得心应手和学习成绩，也有了孩子一直到现在对阅读和写作的热爱。感谢丁老师，感谢老师的成语接龙、诗词文学积累，能成为老师的学生是幸运的。愿老师有更多的学生遍布世界各地，祝老师事业长青，一切顺利！

——2007级学生家长　李文馨妈妈

孩子上了中学后，最让他拿得出手的就是语文。因为有小学6年的读书、背诵积累，在中学已经很是超前了。尤其到了高中三年，他理科不行，压力很大，但是语文成绩从来没有掉下100分，他凭着这一优势坚持完了三年的高中生活。我们从心底感谢您，丁老师！

——2007级学生家长　娄焕彬妈妈

张骏熙有幸师从丁老师接触接龙教学法，虽然才一年零一个月，但孩子受益匪浅。具体体现如下：

1. 孩子的古诗词、成语积累量在一年多的时间内迅速提升；

2. 孩子的背诵能力大大增强，一首诗读四五遍就能背过；

3. 增强了孩子学习语文的兴趣，使得孩子很乐于学习语文；

4. 使孩子把成语、古诗融入生活，平时生活中孩子时不时地会冒出一句成语或古诗来；

5. 受背诵古诗的影响，孩子都能自己写一些小的诗句了。下面是孩子游黄金谷后写的一首小诗：

五月二十二日游黄金谷

今日访名山，绿树青草观。

清水花气香，如游仙境般。

——2018级学生家长　张骏熙妈妈

通过成语接龙、古诗背诵，孩子的词汇量、语言表达能力显著增强，日常说话、写作中常常用一些成语表达意思。看中央电视台《中国诗词大会》节目时，她也会参与背诵、抢答。日常游玩过程中，偶尔会念一句古诗来活跃一下气氛。另外，感觉孩子的识字量显著增多，从图书馆以及朋友处借的高年级作文书、故事书，我怀疑她不认识、跳过式阅读，通过检查发现，很难找到不认识的字。日常写作，偶尔问什么字怎么写，我稍微提示，她就知道如何写了，因此我感觉她的识字量增加很多。同时，她阅读的速度也很快，我和她一块读书，我的阅读速度明显低于她，考察阅读内容，也可以讲述出来。不得不说成语、古诗积累量的增加，对语文语感的培养非常有作用。

孩子是一个比较内向的女孩子，不善于表达，羞于展现自己。通过参加有关成语接龙、诗词比赛的活动，她的自信心增加，逐渐敢于展现自己，也变得更加热爱成语接龙这项趣味的比赛了。

——2018级学生家长　刘艾嘉爸爸

附录　接龙教学法系列丛书

教师实践指导用书

适用年级：3~6年级

适用年级：1~6年级

适用年级：4~6年级

适用年级：1~5年级

适用年级：1~6年级

《生字开花》丛书（1~6年级，共12册）